董事長說故事

共居—共餐—共學—共樂的老後人生

楊子敬 著

〈專文推薦〉

潤泰的銀色工程　從「潤福」出發

尹衍樑

一九八九年，我到日本參觀中銀建物株式會社開發的中高齡住宅，見到其雅致的生活環境，無微不至的設計與服務，以及個個眉開眼笑的住戶，心想這應是力行「老吾老以及人之老」的典範。於是回國後即積極籌劃在台灣推出相同的中高齡住宅及服務，希望為一生奉獻社會、勞苦功高的長者們，營造一個優質、合宜的居住環境。

一九九六年，一座專為中高齡者需求規劃設計的專用住宅「潤福生活新象館」在淡水正式落成啟用，為中高齡者提供一個「安全、安心、舒適、愉快、有尊嚴」的生活環境。社區裡從建築空間規劃到最細微之處，全都針對中高齡族群的需求，以及生理特徵而設計，可說是國內中高齡居住概念與軟硬體設計的領導者。

但其實想營造一個宜老環境，並不如想像中容易，為了建立「識老」的服務團隊，我們曾挑選許多同事至日本學習。二十年前，我們更有幸禮聘剛自內政部警政署刑事警察局局長退休的楊子敬先生來擔任潤福公司的董事長。

楊董事長為人正直、心思細膩，做事親力親為，用心帶領潤福團隊全年無休地為潤福的住戶們服務，加上年齡與住戶們相近，更能貼近長者的實際需求，確實協助我們建立了一支獨一無二的「識老」服務團隊，住戶滿意度也隨之不斷提升。

他帶領潤福同仁不斷蒐集國內外對長者身心健康有幫助的資訊，規劃各種的健康促進活動，讓住在潤福的長者可以擁有健康、長壽、精彩的老後人生。目前潤福住戶高齡九十歲以上有一百二十人，其中更有十位百歲人瑞。

轉眼二十年過去，楊董事長早已跨越古稀之齡，但他心中的使命感依舊強烈，仍秉持集團「潤澤社會、泰安民生」的精神，不止要照顧好潤福的長輩，更希望將多年來服務長者過程中所獲取的智慧、所累積的經驗，透過這本書分享給社會，期待為人口高齡化的問題盡一己之力。

書中一篇篇貼近生活的故事分享，可以幫助即將或已經面對老化的讀者看到真實老後；再藉由進一步闡述觀念及各種老後狀況的應對之道，提供讀者作為制定屬於自己人生規劃的參考。

楊子敬董事長，一位為提升國人老後生活品質而奮戰不懈的長者，值得你我的支持與喝采！

（本文作者為潤泰集團總裁）

〈專文推薦〉

年齡的意義與老後的住居

陳亮恭

年齡隨著時間而增長是個不可逆的物理現象，但卻具有各種可逆與不朽的意義，對孩童而言，焦躁的是未能滿十八歲考駕照或是二十歲投票，但對於長者而言，可能驚訝於時光飛逝，孫子女剎那間居然已長大成人。隨著角度與生命樣貌的不同，年齡是很單純的數字，卻有著很哲學的意涵。

楊董事長的新書談到了老的意義，這也是我近年來高度關切的議題，古人以「龍鍾」形容老者的樣貌，而《廣韻》中明確解釋，「龍鍾」其實是個竹子的品種，以其隨風搖曳的姿態類比長者行動不穩，彷彿風吹就倒的樣貌。此一比喻清楚點出，古人以行動能力或獨立行動能力作為老的描述，換作今日的語言，就是以「功能」而非「年齡」作為老態評估的準則，這個觀念與今日世界衛生組織的定義毫無二致。

楊董事長也闡述了老後住居安排的分享，從西周時代以來，華人世界的養老就是推崇以子女奉養的居家模式，早在夏朝便訂有不孝順父母的刑罰，而西漢發展出來的「存留養親」制度，甚至允許罪犯先返家照顧父母，待照顧責任已了再入監服刑。顯見儒家思想下的養老是高度依賴子女的直接照顧，數千年下來，也在華人的思想中根深蒂固地存在。

然而，今日的世界與古人已有極大的差異，一方面子女的生養數目減少，二方面全球化的工業社會也與農耕社會的情境大不相同，子女的教育與工作機會多需遠離家鄉，加上今人對於傳統「含飴弄孫」、「飯來張口，茶來伸手」的晚年生活也已有迥異的思維。理想的養老典範不再是仙風道骨的清瘦老者，而是精壯活躍的銀髮世代。在此典範的轉移情境之下，老後的住居與生活安排便不再受限於古代農業社會的型態。最佳的住居選擇應考量生活機能與生活需求，不是追求完全照顧的長照機構，而是能最符合歐盟「活躍老化」（Active

Aging）精神，真實建構支持性的積極場域，讓每位長者都能獲得最佳的活躍老化機會，移居至新的活躍社區，以提升長者生活品質，也無須抗拒，畢竟子女或許無法充分體會長者需求，並且面面俱到地提供支持與環境。

《銀光經濟》（*Longevity Economy*）一書的作者深刻指出，全球銀髮消費的主力在於高齡女性，而銀髮產品的設計與行銷卻都清一色由年輕男性擔任，也無怪乎年輕人找不到商機，而高齡者找不到商品，這是觀念落差所導致的鴻溝。一個人一生只會老一次，長年以來我總試著從古人典籍、長者的言語或是系統性的學術研究探索長者的想法與需求，而楊董事長以自己的人生經歷暢談年長者的思路，相當值得令人細細品味，本書對於理解長者真實需求與思考脈絡十分重要，令人不忍釋手。

當老者只以身心功能界定，而住居只以活躍生活需求為考量，每個人或許都已逐漸走向「無齡」人生了。楊董事長真誠言語撰寫而成的新書，不僅充分呼應最新價值，也具人文思想的啟發，值得一讀。

（本文作者為台北榮民總醫院高齡醫學中心主任、國立陽明大學高齡與健康研究中心教授兼主任）

〈專文推薦〉

銀髮智慧

黃勝堅

幾年前我受邀到潤福演講，談安寧與生死議題，跟長輩們有非常好的互動，也擦出了生命智慧的火花。同時，我也發現潤福的確是一個可以安老終身的地方，因為，它有很好的環境與制度，有夥伴們可以互相照顧、互相陪伴、互相學習、互相討論。轉眼之間，我才發現我也有可以進住潤福的資格了。

台灣即將面臨銀髮海嘯的衝擊，我們準備好了嗎？不管是長期照護還是健保制度，我們所面臨到的狀況，都是過去從來沒有碰過的。縱使政府努力地嘗試解決相關的議題，例如以長照2.0之「看得到、吃不到、摸不到」，以及即將面臨破產的「世界奇蹟」之健保，都是政府嚴肅要面對的問題。然而許多缺口並不是靠政府就可以解決，民眾要想一想到底要如何照顧自己的身體健康，一旦失能、依賴之後要有什麼生活照顧的資源，當日落西山時應該要有什麼生命態度的認知與準備，這些都是迫切且需要提早討論和計劃的。

有人想著，退休之後就不過問江湖世事，從此過著平淡無憂無慮的生活；也有人說人生七十以後才開始，銀髮第二人生能活多長就貢獻多少，這其實都是不同的人生哲學。無論在最後一段人生裡有什麼樣的想法、做什麼樣的安排，若要過得精彩且沒有遺憾，有件事情是非常重要，但大家又很忌諱談論的，那就是死亡議題。

死亡的意義，是讓自己有機會善終、走得舒適尊嚴，在死亡的過程當中，有機會能夠彌補自己以及家庭的生命裂痕，而且死亡之後，讓活著的人活得更好。死亡的真諦是領悟，善終是一種責任，同時病人、家屬、醫療團隊要能夠互相預防受苦。在人與人生命態度交流的過程當中，不管生老病死、生離死別，都能夠產生對社會的正能量。對於死亡議題的重視與理解，就如同走到最黑暗的地方回頭看明亮處，對於三叉路的選擇必定能了然於心，而能夠體會活在當下並且珍惜過去與現在所擁有的一切。有了最壞的打算與放下，自己的銀髮人生中所訂定的方向、立定的志願就能更清楚、更有著力點。

本書把以上我提到的點點滴滴，經由許多的精彩、感人小故事傳達得非常精準。其中包括認老、養老、財務規劃、儲蓄身心健康老本、累積自我照護能力、學習相互陪伴、活到老學到老一直到美好的人生終點，都有非常好的規劃。如果讀者對於銀髮人生感到迷惘困惑、有所猶豫，我相信本書對大家來說是一本很好的銀髮生活指南，它將引領你走向一個美好的人生旅途。

（本文作者為台北市立聯合醫院總院長）

〈專文推薦〉

產學攜手 開創國人銀髮生活新紀元

簡紹琦

有鑑於高齡化的問題，聯合國曾於一九九一年通過「聯合國老人綱領」，提出獨立、參與、照顧、自我實現、尊嚴等五要點，以宣示老人基本權益保障之共同目標。世界衛生組織（WHO）於二〇〇二年提出「活躍老化」核心價值，認為欲使老化成為正面的經驗，必須讓健康、參與和安全達到最適化的狀態，以提升老年人生活品質。根據國家發展委員會資料，我國已於一九九三年成為高齡化社會，二〇一八年轉為高齡社會，未來將於二〇二六年邁入超高齡社會。屆時每十人中，約有四位是六十五歲以上老年人口，而此四位中即有一位是八十五歲以上之超高齡老人，高齡化速度超過歐美日等先進國家。

玄奘大學本著社會關懷的精神，配合各專業領域（社會科學院、設計學院、傳播學院和國際餐旅暨管理學院）研究發展，非常重視且長期關注高齡化問題。以新竹市政府高齡友善大學校園認證為基礎，二〇〇八年起開始從事高齡教育工作，定期執行新竹在地社區長者關懷服務，二〇〇八至二〇一八年更舉辦老人短期寄宿計畫、樂齡大學、代間學習體驗營等多樣化的高齡學習模式，培養高齡者達到活躍老化的目標。二〇一六至二〇一七年更獲行政院農業委員會委辦以台灣本土農業食材設計符合中高齡者營養需求的料理，將教育與養生深化融入高齡者生活與學習之中。此次非常榮幸能與潤泰集團旗下的專業銀髮服務團隊——潤福生活事業股份有限公司，展開產學交流，開創國人銀髮生活新紀元。

潤福楊子敬董事長以多年來投入於高齡事業的自身經驗，長期宣揚並推動良好的樂退觀念。此次更進一步以本書公開潤福經營中高齡住宅二十餘年的專業經驗與做法，針對台灣快速高齡化的社會，分享獨到見解，提出具體因應之道。希望扭轉過去社會大眾的觀念，強調老年生活的照護不能只依賴社會福利，必須靠每個人及早體認、自我照護與規劃，才可能擁有健康、有保障的老年生活。

本書也希望讓一般大眾與相關政府單位理解，老化過程所必須面對的實際問題，如何預先規劃及準備，以便自主掌握幸福晚年，同時讓年輕人懂得如何從旁照護、協助長者，並認識自己未來人生必經之路。本書內容均從問題出發，涉及老後生活的各個面向，涵蓋身心狀態、金錢管理、人際關係、終身學習、居住環境、身後事的安排……，非常值得一看，因此極力推薦本書。

（本文作者為玄奘大學校長）

〈作者序〉

創建銀色工程，為長者打造正向老化的家！

一九九〇年代，造就台灣經濟起飛的長輩們陸續功成身退，但迎接他們的卻是子女離巢、老伴凋零、心靈支柱漸少、生活不便……，只能鬱卒度日。此時，潤泰集團總裁尹衍樑先生見此窘狀，毅然投入「銀色工程」，於一九九一年創建「潤福生活事業股份有限公司」；五年後，位於淡江大學旁，專為中高齡者規劃設計的「潤福生活新象館」開幕。「潤福」雖是營利事業，但從不以「營利」為主要目的，它是潤泰集團企業社會責任之一環。潤福不同於長照機構、安養機構，是一所專為中高齡者「生活所需」而設計的社區，以合宜的建築規劃，搭配飯店式二十四小時完善的服務，以導引「正向老化」為目標，讓長輩們從行動自如、生活可自理時入住，享受一個可以「安全、安心、舒適、愉快、有尊嚴」頤養天年的家。

一九九九年，尹先生找我接掌「潤福生活事業股份有限公司」，當時他特別強調：「我有另外的三百多位父母住在『潤福』，拜託請把他們當成自己的父母看待，幫我好好照顧！」。

筆者來自警界，警察的本質就是「為民服務」，銀髮族當然也是服務的對象之一，見識多了，心想，這有什麼困難？但上任後，馬上發現這是天大的「判斷錯誤」！因為過去所認識的「老人」，僅僅是身分證出生的年次數字而已，豈知老人隨著歲月的消逝，生理、心理、思維、反應、經濟、生活等等也都會起變化，根本就不適用一般的服務方式。但既然已經接下這個工作，只得全力蒐集相關訊息，惡補探討關於「老人」的一切。

「潤福」的住戶不少，難免會發生許多人際間的瑣碎糾紛，看似簡單，若處理不當，芝麻小事也可能變成滔天大事。因此時刻提醒自己：凡待人接物都要小心謹慎，必須面面俱到才可讓大家心服口服。平日面對自己的長輩，還有機會回嘴，如今面對住戶，在「客戶永遠是對的！」服務守則下，哪敢不順？為求圓滿，除了盡心盡力，想盡辦法探討長輩「想」什麼？「要」什麼？「缺」什麼？如何「給」？如何「順」？如何「樂」？還得發揮「天使心、關愛心、同理心」，細膩周到地服務，更要發揮創意，設法撫平情緒，實在難為啊！

雖然自己也是個老人，卻一直等到真正「用心」與長輩接觸後，才發現每個長輩都是滄海人生的劇中主角。二十個年頭的相處，筆者深刻體會到「老人的深奧」、「深奧的老人」實在是門大學問，多數人並不夠「認識老人」，而且連「老人」自己都不認識「老人」！不認識問題，卻想要解決問題，無疑是緣木求魚，更遑論要引領老人「成功老化」。

有人說，老本、老身、老伴是養老三寶，筆者相當認同，而且認為三者環環相扣，缺一不可。而如何保有此三寶？正是解決「老人問題」之關鍵。

以「老本」而言：

以前常聽到：「擁有『兩千萬台幣』存款，光靠利息收入就可以輕鬆養老，本金還可當遺產。」而今低利時代，加上年金改革衝擊等，變得非「啃老本」不可！究竟如何確保「老本」無虞，將是本書討論的重點之一，否則「資產壽命」比不上「健康壽命」，而導致「老人破產」，最後就可能淪為「下流老人」。

以「老身」而言：

「建設永遠趕不上破壞」，這句話用在老年人的健康管理是最恰當不過了，一場大病往往就能將數十年來點滴累積的老身、老本、老伴毀滅，一定要早日關注健康管理，以固「老身」，避免等到年老體衰才後悔莫及。

社會大眾總是把「長照」責任歸咎於政府，殊不知台灣政府的稅收只占GDP約十二%，在有限的預算內，想要大規模擴增服務，根本是不可能的任務；再加上人口結構高齡化，勞動力急遽下降，連人力都成問題。未來沒錢又沒人，「老人問題」勢必無法得到國家、社會的充分支援，所以老人一定要懂得如何「自立支援」。

筆者名片印有「保健康、防失能、遠長照、樂老齡」十二個紅字，誠摯提醒各位：「養老一定要先靠自己！」健康是絕對自私的，無法彼此分享，務必趁早關注自己的健康，以應老來之需。

還要積極推廣養生文化，創造樂活環境，因為「養老」絕對是國家、社會、家庭及個人共負之責任，缺一不可！筆者積多年實務經驗與個人體驗，以為「長照」只是治標，而「保健康」才是治本之道。也曾提出「三箭齊發」的構想供大眾參考：

一、要健康老人愈多。

二、要縮短老人臥床時間。

三、建議長照機構採用更積極的「自立支援」照護，恢復臥床者行動能力。如此必可減輕金錢與人力之沉重壓力，才有機會營造「樂在不老」的宜老環境。

以「老伴」而言：

所謂「老伴」，不止是配偶，或志同道合的知己，還包括社會所有互動的「人脈」關係在內。在日本常聽說因「老貧」、「老弱」而自卑感作祟，不願見人而變成「宅老」，淪為「無緣者」，孤獨寂寞地老去！可見「老伴」是相當重要的精神支柱，相對地，孤寂絕對是健康的可怕殺手。

潤福正是以「共享生活」模式，跨越青、銀世代，維繫多元交流，讓長者不致產生「人脈」斷層。並透過各類課程活動，培養興趣（含3C產品），增進情誼，兼顧長輩身心健康！

這些年來筆者目睹同仁的任勞任怨、犧牲奉獻、服務長輩的熱忱，又常聽到住戶「潤福是我家」的心聲及其樂在不老的開心笑語，真心感受到「潤福」確實是個快樂的養老天堂。多年來，總總的努力付出，終於換來真誠肯定的歡愉！

台灣將在二〇二五年進入「超高齡社會」，小孩不見了，老人卻愈來愈多，「老人問題」與「問題老人」必隨之大增，身為高齡老人的一分子，筆者願將個人近二十年服務老人的經驗分享，做為大眾因應老齡及選擇養老居所的參考，提供您多一個選擇的方向，期盼人人「知老」、「尊老」、「友老」、「樂老」、

「安心養老」，藉由本書拋磚引玉，懇請讀者一起來，共同為營造「樂齡生活」而努力！

很巧，前年一次機緣，與住戶一同重返大學校園，到玄奘大學玄奘銀髮書院享受了一趟豐富的學習之旅。期間與玄奘文教基金會執行長林博文博士閒聊提及此事，哪知一拍即合，博士欣然接受，透過潤福與玄奘大學的產學合作機制，結合理論與實務，讓本書得以如願問世。

甚恐所見狹隘，必有偏頗之處，敬請不吝指教，也期望能引起更多的討論與迴響，為營造「樂在不老」，「老有所終」，莫見「老貧」、「老弱」、「無緣者」而努力！

楊子敬　謹識

於潤福二十二周年前夕

CONTENTS
目錄

第四章　儲存身心健康的本錢

第五章 年老時，我們需要怎樣的照護？

第六章 老來一起作伴

第七章 活到老，學到老

第八章　美好的人生旅程

〈前言〉

共居、共餐、共學、共樂的老後人生

「人」的一生，若無意外，則必經成長、茁壯、自立到面對老化。「含飴弄孫」是頤養天年的幸福景象，而「家有一老，如有一寶」，則為尊老、敬老的社會倫理。

向來「尊老、敬老」的日本社會，近來卻因為有些年長者貧窮、體衰、固執、難溝通……等障礙，頻頻出現「下流老人」、「暴走老人」……等新名詞，老人開始被視為「麻煩、討厭、可惡」的對象！而台灣也有「倚老賣老」、「老番顛」、「老頑固」……等類似的負面說詞！

從小我們被教導如何當個好孩子、好學生、好國民、好先生、好媳婦，卻很少人告訴我們要如何當個「好老人」！

任公職時，遇見退休的老前輩，讚他幾句，沒想到對方的回答竟是：「唉，你有所不知啊！我全身都是病，老伴走了，孩子在國外，孤獨老人沒人照顧，死也死不了……，活得好辛苦啊！」聽了令人鼻酸！

難道「養兒防老」行不通？

有一次與朋友母親閒聊：「伯母每三個月輪住四個兒子家，走來走去，好福氣。」伯母深深嘆口氣：「兄弟仔真有孝，但是『豬藪不值狗藪穩』，若不是為了公平，我甘願住豬藪，固定一個所在，嘛嘸愛搬來搬去。」這又出乎意料！

某同學，為籌治父親罹癌的醫療費用而提前退休，沒想到財盡父也亡，自己更不堪長期「老老照」而臥病，只因戶口上尚有自身難保的子女，未符合政府救濟條件，只好獨自一人窩在海邊防風林的廢棄鐵皮屋內，靠善心人士接濟，但同學卻抱怨政府不保護弱者。

這不就是「下流老人」？

另一位，年輕時把上上下下五層樓梯當健身運動，如今八十多歲，走路也困難，卻還要每天背著中風的老妻上下樓梯就醫。他說：「我好想住進有電梯的房子啊！」

友善的居住空間哪裡找？

稍早年代，許多街頭、廣場、空地、公園等處，充滿著兒童無邪的追逐聲及吵嚷聲，曾幾何時，已悄悄地被靜靜坐在輪椅的銀髮族及外籍看護所取代。至於年輕人的「不婚」與「不生」，更讓台灣陷入少子化危機。

幾個老友相約到咖啡廳閒聊，昔日寬敞的座位、服務人員的笑容、輕易選擇的餐點、獨具特色的裝潢等悠閒氣氛，已被看不懂的菜單、排隊等候、制式化交易、裝飾一成不變的新興連鎖店與加盟店所取代。老人來不及學習也難以接受之下，只能選擇疏離而陷入孤寂！

「負向老化」可以避免嗎？

父母的家，永遠是子女的家；子女的家，卻未必可以是父母的家。養兒防老、烏鴉反哺的時代不再，加上「人生七十才開始」的百歲世代來臨，縱然七十歲退休，也可能還有二、三十年壽命。到底要如何安排才能「自立支援」，安心度過這漫長的餘生？又該如何轉變思維才能夠面對「新科技、新時尚」的新社會型態呢？

筆者以為，一定要先跳脫一些傳統的觀念，例如：

日子再差，也不願意離開老家；

家產不能隨意花費，要留給下一代；

到養老機構沒面子，會被外人笑說子孫不孝……。

若觀念不改，其他都不用多談。畢竟時代不一樣了，兒孫不見得有能力照顧長輩，也不見得會為長輩著想，怎麼辦？自救啊！每個人都要及早為自己的養老做準備才是！

「潤福」的定位是一所導引銀髮族以「正向老化」為目標的安老社區，套句廣告用詞，它是「凍齡的」防老院！我們提供完善的生活服務，並以延緩長輩肢體器官功能的退化，防止失能、失智為主軸，開辦多元課程與活動，寓「動」於樂，促進動腦、動手、動腳，讓長輩們享受「有餘裕」的「獨立自主」生活！

所有潤福同仁經多年的學習與摸索，加上細心、耐心、用心地與長輩們相處，服務內容獲得認同。為了精益求精，我們還與玄奘大學簽署產學合作，理論與實務並進，隨時調整步伐，提供更合宜的「中高齡生活服務」。

有一天，某社工團體到「潤福」指導摺紙遊戲，看到長輩們全程散發歡樂笑聲，不免問道：「奇怪？他們有說有笑，互動好熱絡，這種場面好難得喔！在其他機構，長輩大都只是靜靜坐著，從不說話……。」

「潤福」的長輩們怎麼說？

● 林先生為了脫離繁忙生活，放下事業，拎著皮箱從恆春來到潤福，覺得不錯，再接太太北上同住。

● 一對夫妻，先生結束了診所業務，慕名而入住。妻子說：「可能是因為在這裡生活起居很規律，也不用操心家事，所以精神愉快，耳聰目明，夫妻連吵架的機會都沒有……。」

● 吳大姐老伴走了，大病不患、小病不斷，記性也變差。在家時，經常忘了服藥，但在這裡有健康管理室提醒按時吃藥。在家裡時，小小燈泡壞了，也難找人更換，但在這裡服務隨叫隨到，方便又安心。

● 帥伯伯住在美國幾十年，幾年前回國住進潤福。問他為什麼？他說：「孩子們忙，我們老了，不想給年輕人添麻煩。回這裡，人親土親，還與妹妹為鄰，有伴呀！」

● 陳阿姨經常誇獎：「潤福真好，我喜愛繪畫，但我們那個時代，升學主義掛帥，一天到晚補習，哪有多餘時間動筆？現在可好，愛畫多久都沒人管……。」

馬爺爺跟進：「是啊！我們在抗戰烽火中結婚，沒拍過『婚紗照』，沒想到潤福真有心，二十周年慶舉辦了『金婚同慶活動』，彌補了我們的缺憾！」

●廖氏夫妻來自高雄，住了一段時間後，有一天說：「董事長，前天我們回高雄把房子賣掉了，免得出租麻煩，還要保養、繳稅，不想當『厝奴才』，決定要好好犒賞自己，到處旅遊。我也對子女說過，剩下的他們要分、要捐都行，因為爸媽找到新家了——『潤福』就是我家！」

就是這些點點滴滴……

給我們至高的鼓勵！

給我們無上的成就感！

讓我們忘了一切的辛勞！

也許這就是所謂「共居、共餐、共學、共樂的老後人生」所釀成的真摯情誼吧！

「潤福」，永遠是大家的「家」！

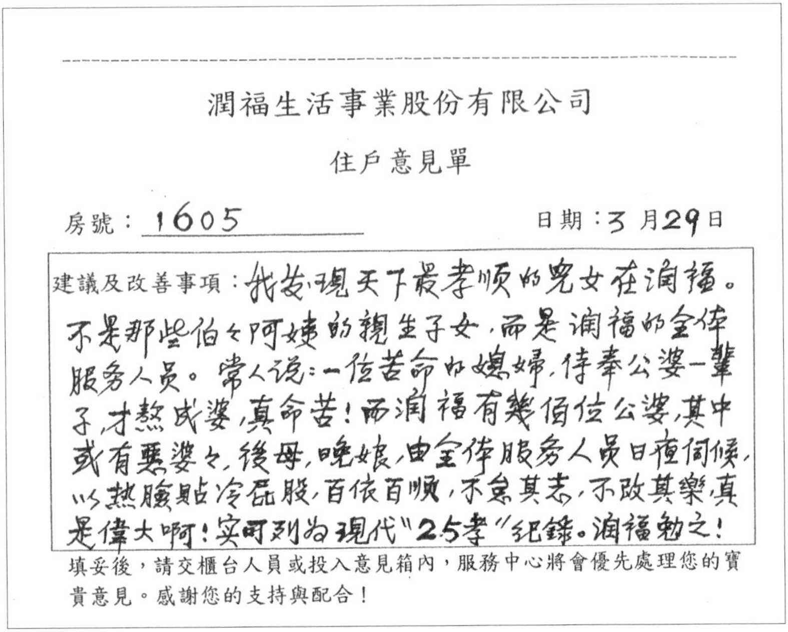
潤福生活事業股份有限公司

住戶意見單

房號：1605　　日期：3月29日

建議及改善事項：我發現天下最孝顺的兒女在潤福。不是那些伯々阿姨的親生子女，而是潤福的全体服务人员。常人说：一位苦命的媳婦，侍奉公婆一輩子，才熬成婆，真命苦！而潤福有幾佰位公婆，其中或有惡婆々、後母、晚娘，由全体服务人员日夜伺候，以熱臉貼冷屁股，百依百顺，不忘其志，不改其樂，真是偉大啊！实可列为現代"25孝"紀錄。潤福勉之！

填妥後，請交櫃台人員或投入意見箱內，服務中心將會優先處理您的寶貴意見。感謝您的支持與配合！

來自潤福住戶的鼓勵。

第一章

「老」究竟是怎麼一回事？

退休新鮮人，你準備好了嗎？

人生走過數十年汲汲營營的生活，滿心期待未來有機會提前退休，但不知為何，心中總有一種不踏實的感受！

楊先生今年五十五歲，在上市公司擔任主管，太太從事會計的工作，一雙子女都已經大學畢業進入職場就業。夫妻倆最近討論的話題，已經從如何拉拔孩子長大成人，轉換為如何規劃自己的退休生活。

夫妻倆開始蒐集各種資訊，甚至參觀養老居所，但感覺好像就是少了些什麼？坊間關於退休的資訊，不外乎是金錢如何準備，但看到那種幾千萬的天文數字，夫妻倆反而對未來更加感到擔憂，前面二三十年的努力都投資在買房子以及子女的教育上，現在距離退休只剩十年，怎麼可能攢得下那麼一大筆錢？

媒體也經常報導政府因為年金的破產壓力，勢必會改變年金的給付政策，不管是繳多、領少、延後退，通通都是財務規劃的變數。

除了財務，夫妻倆也想到如果有一天自己身體出狀況，需要有人協助生活，甚至是仰賴醫療照護，那要怎麼辦？現在年輕人連照顧自己的時間都快沒有了，哪裡還有能力照顧兩老？萬一夫妻倆身體退化狀況不一致，有人要住長照機構，豈不就要分開？長相廝守的夢還有機會實現嗎？

還有，退休不工作了，要做什麼？學東西要花錢、出去玩要花錢，本來還期待退休後環遊世界，但積蓄恐怕都不夠用了，怎麼可能這樣揮霍。楊先生說：「那我們叫兒子回來住，以後他結婚生子了，幫忙帶小孩。還可以讓他多少付一點孝親費，壓力就不會那麼大了。」楊太太回說：「你兒子出社會工作五年了，一個月連三萬五都賺不到，能不能成家立業還是問題，沒跟我們伸手要錢就不錯了。還想跟他拿孝親費？你是想逼死他嗎？」

難道只能船到橋頭自然直？還有多少退休後的問題沒有想到？夫妻倆對於下半輩子失去了期待，反而開始感到茫然、焦慮，更沒辦法評估退休會帶來的變化？難不成期待了大半輩子的退休生活會是人生的夢魘嗎？

對於未知我們總會感到恐懼不安，要克服恐懼，最重要的就是吸收知識，減少未知。

小時候，有家庭教育與學校教育，教導我們做人處世的道理，培養自立謀生的各種能力。從學校畢業，進入社會工作，除了在學校習得的知識、技能，職場也會提供必要的教育訓練，幫助社會新鮮人與社會接軌，或讓工作者順利接受下一個任務的挑戰。

但退休呢？尚未退休的人還不曾經歷過，自然難以想像；因為難以想像，便容易產生恐懼不安的情緒。相較於過去的成長經驗，我們要怎麼學習面對退休這個未知？有老師在教嗎？

以往，台灣只有公教人員才有退休準備的研習機制，大多數人只能參考一些較為片面的資訊，例如新聞報導或周遭親友的退休情況，並衡量自己的經濟能力，以此安排退休計畫。這些未經有系統整理過的資訊，很難成為有效的知識傳遞，對於退休規劃的助益其實有限。

每個人擁有不同的人生，因應退休要考量的面向也很多，必須整合相關知識，以系統化的方式傳遞知識，才可能提供退休人士必要的協助。尤其在社會高齡化、少子化的衝擊下，發展退休準備教育，幫助社會大眾免於不安，值得高齡教育創新努力。此處先提出退休前該考慮的三件事，供讀者參考：

一、我還有多少餘命？

「能活多久？」這件事是最重要的！除了參考國人的平均壽命，還要衡量自己的身體狀況。儘管沒有人可以準確地評估出一個數字，但是相關評估是退休準備的重要參考基準。

二、我需要多少錢？

評估出自己的可能餘命，就可以推估需要多少資產以滿足退休後的基本生活需求。如果自認行有餘力，或許可以考慮多善待自己；如果估算後發現資產不足，那麼從現在開始就有必要透過工作、投資或儲蓄等方式有效增加資產。

三、我退休後要做什麼？

剛退休，許多人感覺彷彿失去人生的舞台，原本的頭銜無論多響亮，都沒了意義。事實上，退休後我們仍然可以為自己找到新的舞台、創造新的頭銜，並依據個人能力，安排好「全新」的生活。當人生進入另一階段，有時需要放下身段，從零思考。無論退休後是要獨善其身，或者想要兼善天下，只要有目標，就是最好的安排。

退休教育是為了提前準備，等事情發生了再補課，往往緩不濟急。隨著年齡漸增，如果毫無準備地面對突發狀況，不僅措手不及，美好的退休願景也將會全然變調。

認老，不認老？

「我先生七十一歲了，還不認老。認老，真是件非常困難的事。」

許媽與許爸最近還在冷戰中。結婚大半輩子，恐怕這場「戰役」打得最久。至於僵持的原因，乍聽之下似乎也不是什麼嚴重的事。

許媽退休後，邀請許爸一同前往朋友介紹的中高齡住宅，打算租間房，小住一段時日。如果覺得不錯，或許就順勢搬過去。許媽沒什麼預設，畢竟「老」這件事，她自認是個初學者，因為是初學者，所以得多聽多看多學。誰知許爸大動肝火，怎樣都不肯離開他的安樂窩。

許媽也是有點硬脾氣，乾脆收拾行李，說聲：「那你好好顧家吧。」一晃眼三個月過去，許媽在中高齡住宅過得愜意，生活起居皆獲得妥善安排。不必張羅三餐，不必打掃環境，連報稅、就診都有專人協助處理。退休前的心理壓力、工作與家務負擔大大降低，許媽變得更有衝勁。對於自己有興趣、也還有能力做的事，她都毫無保留地全心投入，譬如油畫與陶藝。

精力充沛的許媽，甚至參與課程，加入臨終關懷的推廣。許媽常說順其自然，隨遇而安，想面對無常就把每一天過得精彩。

至於許爸，這陣子經常憋著一股悶氣不說，安樂窩少了許媽，難免空虛。有時候，許家孩子報告許媽近況，許爸不禁直發飆，說：「你媽可以選擇她要的，我也可以選擇我要的！」但回過頭，許爸的落寞任誰都看在眼底。因此，許家孩子便找機會跟許媽商量，看要怎麼來勸勸許爸。

「我說不要勸，讓他慢慢接受。」許媽笑著說。

「既然他不願意一起用行動檢驗，我就不管。不管家裡，也不回去做飯，讓他自己獨立生活。我會給他多一點的時間，等他自己想清楚的時候再談吧！」

無可諱言，多數人對於老年的認識不夠。

我們似乎都知道一點老年帶來的生理變化，例如髮量減少、髮色斑白、腦容量減少、老花眼、牙齦萎縮、皮膚鬆弛、骨質疏鬆、代謝變慢等，都是信手拈來且耳熟能詳的老化症狀。

我們似乎也都聽過一些老年的心理現象，譬如寂寞、焦慮、悲傷、憂鬱、恐慌等情緒問題，還有失智、睡眠障礙等，都是老年常見的身心症。

多半事等到臨頭，我們才開始理解這些生理變化，卻鮮少考慮到老年經驗伴隨的苦痛與不愉快，多少是因為事先認知不充分，沒有適當的心理預期與正確的準備。

正確認識老年，有其目的性。積極點說，即為了正向思維「老化」，活躍老年、樂活餘生。消極點說，也為了建立適當的心理預期與準備工作，以減緩老年經驗的衝擊，避免負面情緒。

畢竟「老」不是一個能用年齡簡單劃分的概念。有人高齡八十一，過生日吹蠟燭，卻說數字無論從前面看，還是後面看，都是芳齡十八。有人正值壯年卻鎮日感嘆初老，彷彿人生已然尾聲。

以故事中冷戰的許媽與許爸來說，就是兩個極端的對比。

在許媽的眼中，許爸遲遲不認老，也不願嘗試調適自己的心態，彷彿日子永遠能照舊過下去。許爸也許沒有認知到自己要的生活，向來都是以許媽的支持為前提。至於許媽期望未來有怎樣的退休生活？為什麼會這樣選擇？許爸並不願意去了解，也不想去面對。

反觀大半輩子為工作、家務繁忙操勞的許媽，自認退休後的自己是個初學者，以順其自然的開放態度，主動迎向她的退休生活。在經濟條件許可的情況下，她選擇移居有利於老年生活的居住環境，計畫打造下個階段的精彩人生。可說是正向老化的範例。

也許，我們未必要「認」老，但隨著歲月的逝去，對於「老年」有更多的「認識」，更能幫助我們積極面對、正向老化。

「生前準備」與「老後準備」，有何不同？

王伯伯，祖籍山東。

因為戰爭的緣故，從小到處逃難，過得相當清苦。來台灣的時候，全身上下值錢的東西，不過是母親替他藏在牙膏裡頭的一只金戒指。

或許是為了克服生活中的種種難題，王伯伯學會審慎面對任何事情。他常說，凡事都要做足萬全準備，才可能笑看風雲無情！

所以，王伯伯一退休，就開始思考如何整理這輩子累積的點點滴滴。舉凡他收藏的字畫、瓷器、木雕，到前庭一棵枝繁葉茂的羅漢松。能變現的盡可能變現，不能變現就分送有興趣的友人或晚輩。

王伯伯自知歲月不饒人，該來的躲不掉。於是幾年下來，他不僅遺產遺囑，連喪葬儀式、骨灰甕樣式、靈骨塔塔位等等，都已考慮好如何安排。

一次年夜飯後，他把任職金融業的兩個兒子喚到客廳，說明自己一切都安排妥當，讓他們不必擔心。王伯伯接著把自己的生前準備和盤托出。兩個兒子連忙安撫父親，人生七十才開始，有些事沒那麼急呀。

但王伯伯說，有計畫總比沒計畫來得好。「何況，」王伯伯又說：「你媽走得早，我們當時亂了也不知怎麼辦。現在可以先處理的，就先處理。」

某日清晨，王伯伯飯後到後院練太極，練完太極後突然有些說不出的落寞。「生死大事都安排好了，那接著我要做什麼？」

這個問題開始困擾著王伯伯，對於他自己的生前準備，好像還少了點什麼？剛好社區的老人會舉辦了一場講座，講題是關於人生計畫。王伯伯說，邀請來的講師口齒伶俐，據說才退休就搬進中高齡專用住宅。王伯伯有些好奇，便在講座開始之前，早早到了會場，想趁空檔與講師聊聊。

「我跟講師說了我的生前準備。沒想到，」王伯伯說：「她劈頭就說我錯了！」於是王伯伯問她什麼事都安排好了，怎麼會有錯呢？

「你說的生前準備，其實都是身後事啊。」那位講師直率地說：「現代醫學不斷進步，人類的壽命也愈來愈長，你知道從現在開始到離開世界的那一天，還要經過多長的時間嗎？」

「但這之前，你有考慮過你的老後準備嗎？」

做好生前準備有助我們在臨終時，能心無罣礙，揮揮衣袖告別人生舞台。譬如「生前契約」，就是一種生前準備，向禮儀社預約自己的「殯葬服務」。因此，所謂的生前準備，其實是為「身後事」做準備。

可是，老後的生涯規劃是要我們為「老」做準備。「老」是個過程，如同水有三態變化，身體的健康也有各種狀態，需要看護是一種狀態，臥病在床又是一種狀態，難以一概而論。根據內政部統計，台灣人平均壽命約八十歲，平均退休年齡是六十歲。換言之，絕大多數台灣人退休後至少還有二十年壽命。

人生七十才開始，百歲時代即將來臨，我們的眼光自然應該放遠些。畢竟除了身後事，老年生活還有太多面向需要準備，可以準備。舉例來說，一個能有效維持健康、避免長期照護的日常生活模式，就是值得努力的方向之一。

儘管有人認為生活不能自理，就請小孩照顧，或雇個看護即可，但照顧老人絕不是容易的一件事。如果照顧不當，可能引起親子關係高度緊張，或導致老人、看護與家屬三方永無寧日。因此，我們是否該換個角度思考，有沒有可能創造優質的老年生活模式，來延長自理生活的歲月？

根據李世代教授〈「長期照護」的發展與推動〉一文，推算目前台灣的平均長期照護需求約為七．三年。而北歐各國紛紛追求「尊嚴老化」，並將相關預算投入「健康促進」，希望縮短長者臥床至臨終的歷程，甚至以「兩週」作為政策目標。我們是不是也應該「翻轉」一下思維，認識到「好活」的重要性，及早準備一個有尊嚴與健康的老年生活。

以王伯伯的故事為例，我們不難發現，所謂的「生前準備」是規劃生命的終點，而王伯伯之所以略感失落，或許因為他逐漸意識到，老年好像才開始，人生依舊大有可為，他卻沒有為老後生涯做任何規劃……

一旦離開起跑線，放眼又是無數美麗的風景，「有必要衝刺嗎？」王伯伯或許會這麼想。

準備好養老的你，捨得孩子不在身邊嗎？

房子賣掉前，簡媽撥了幾通電話，把三個孩子都喚回來。

所有認識簡媽的人，最欽佩她的意志力。早年簡家一家五口的生計，除了簡爸的軍餉，靠的就是簡媽縫製童鞋。一雙滿布風霜的手掌，也不知糊過多少個鞋底，呵護了多少對粉嫩的小腳丫。再說，簡爸年輕時常派駐外地，簡媽只好獨自教養子女。簡媽是親友口中的模範母親，憑的就是她不僅吃苦耐勞，還要為下一代創造更好生活條件的決心。

尤其是簡媽單槍匹馬走天涯的「壯舉」，簡爸也自嘆弗如。

簡媽四十七歲那年，因為長女大學畢業後，多次反應想到美國深造發展。簡媽悶不吭聲，私下打聽從台灣移民美國的手續與管道。不久，簡媽竟然收起經營多年的鞋店，隻身赴美國「探路」，還尋得一份在聯邦郵局分類郵件、包裹的差事。隨後簡爸與子女便陸續依親前往。

簡家自此定居洛杉磯。之後子女雖各有發展，卻始終不願搬離父母親太遠。簡媽當年的壯舉，也就變成茶餘飯後，一則說不完的故事。

簡媽這回把孩子們找來，自然有重要的事情宣布。此刻簡媽坐在客廳藤椅，倒不著急，簡爸便與老大老二聊聊近況。總算等人齊了，老么剛把手上的東西放下，媳婦抱著滿周歲的小孫女，坐到簡媽身旁。簡媽開心地逗逗孫女，轉過頭便說，我們有一件事要宣布。

簡媽向孩子們說明：「年紀到了一個歲數，生活上開始有些不便，所以我們準備找個地方養老。」簡媽接著談起最近幾個月，與簡爸四處參觀養老院的心得。在比較了設備、環境與花費後，簡媽說：「你爸與我一致同意，外國人的臉孔，我倆真的有點看膩了。」

「我們決定回台灣養老。」

人年紀大了，總會興起落葉歸根的念頭。

故事中的簡媽，當年為了子女出國深造的願望，一個人到國外闖天下，開拓出另一番天地。子女後來也不負所望，各有良好發展。但隨著年紀大了，還是希望居住在自己最熟悉的地方，講最熟悉的語言，吃最熟悉的食物，這的確是人之常情。

但子女已經在海外落地生根了，總不可能又舉家搬回台灣，而且這次一分隔，可是遙遠的距離，也不容易假日時輕鬆前往。面對親情的羈絆，簡爸、簡媽要如何放下呢？

簡媽提到：「年紀到了一個歲數，生活上開始有些不便。」

隨年齡漸長，行動力下降，原本駕輕就熟的事情，也會逐漸變得困難。自己煮沒問題，出門買菜卻可能成為問題。家裡東西壞了找人修也許沒問題，但兩老的安全卻可能是個問題。平常身體健康沒問題，但突然有了什麼突發的病痛，緊急就醫便會是個問題。就算子女都住得不遠，想必也是忙於工作，可以立即互相支援的事情，其實相當有限。所以簡爸、簡媽想找個地方養老，以符合未來生活上的需求。

其實，不止是落葉歸根的情懷。從現實面比較國內外的養老環境，台灣除了在花費上占有極大優勢，提供的服務內容也較細緻，加上醫療品質高，醫療費用相對低廉，還有物價不高、氣候宜人、生活便利、交通方便等，這些都是促使簡爸、簡媽選擇回台灣養老的原因。

更何況這裡還是他們最熟悉的土地，人親土也親。

至於選擇回台灣養老，與子女分隔地球兩端，會不會捨不得？捨不得是必然的，許多長年居住國外、受到西方文化影響的長輩，通常會認為年長者應該獨立自主，而非擔憂寂寞。他們多將退休生活規劃得有聲有色，選擇自己覺得安全，也讓子女安心的養老居所，希望年輕人沒後顧之憂，有更大的空間照顧家庭，奉獻社會。也因為對子女期望與傳統文化不同，以充實的「樂退」生活取代子女不在身邊，人生反而更顯得輕鬆自在。

除了延年益壽，老年生活該如何規劃？

因為一項產學合作的研究計畫，擔任助理的米米有機會參訪一棟中高齡住宅。

米米目前就讀應用心理學系二年級，課業正是繁重，偶爾考慮著未來往臨床還是諮商發展，但更多時刻得與浩瀚的知識戰鬥，好為自己打拚一個精彩的將來。

帶領米米訪問的老師早早便叮囑她，能這麼貼近台灣中高齡居住產業的「領頭羊」，實是難得的緣分，而心理學專業在高齡照護的領域很有發揮空間，要把握難得的學習機會，日後也許有機會派上用場。認真的米米，連忙點頭稱是。

米米隨著老師，在謝專員的導覽下，看到一個與傳統養老機構截然不同的形態。米米很訝異，怎麼與她想像的都不一樣？

這棟住宅區入口大廳有寬敞的讀報區、舒適的會客沙發、挑高兩層樓的空間，以及採光極佳的落地窗，整體氣氛很溫馨。尤其特別的是，位於大廳的服務中心二十四小時全年無休，以飯店式管理，生活大小事皆可諮詢協助。櫃檯大理石桌面向左延伸，與吧檯共用，一位服務人員正在為住戶與訪客調製蔬果汁。

謝專員問了老師與米米想喝茶、咖啡還是果汁？客氣的米米推說沒關係。

謝專員接著引導老師與米米到迎賓室，雙方坐定後，米米拿出筆記與錄音筆。謝專員與老師開始談起台灣的長照問題、住宅的營運現況、這次研究計畫要探討的議題等。兩人的談話中提到了一位住戶，高齡一〇五歲的婆婆，她的長壽訣竅就是積極管理身體的健康狀況，並長期與專科醫師配合。

米米專心聆聽，她認為這些養生祕訣很有參考價值，可以回台中與阿公阿嬤分享。米米倒沒想過自己能活多久，畢竟一〇五歲離她太遙遠了。

這時迎賓室外突然響起以〈拉黛斯基進行曲〉（Radetzky Marsch）的雄壯

節奏，原來是邀請住戶下樓運動的音樂。接著一列長長的人龍，各個銀髮蒼勁、步態從容地繞行大廳。謝專員察覺米米與老師的注意力被吸引過去，解釋說為了「逼」老人家運動，三不五時會想些新花樣。

「譬如，領頭的那位爺爺，就是我們董事長。」謝專員笑說。

根據內政部二〇一六年統計，台灣男性平均壽命為七十六・八歲，女性為八十三・四歲。男性平均壽命短於女性。

若考慮「平均餘命」的概念，即六十五歲以上預期壽命，根據二〇一六年內政部統計資料，台灣男性平均餘命為十八・〇一歲，女性為二十一・五歲。換言之，退休後我們還能活多久？期望值為二十年左右。

因此，問題就不僅是如何延年益壽，也在如何安頓這可預期的二十年光景？

傳統如養兒防老、三代同堂的觀念，受到台灣社會少子化、高齡化與都市化等因素的衝擊，已不見得適合民眾的實際需求。再者，台灣的教育系統，在退休準備與老年準備兩面向，猶未見具體有效的建樹，所以在面對晚年這項議題上，多數人抱持「老了再說」的態度，錯失了及早規劃的機會。

有品質的老年生活是需要及早規劃的。

在經濟方面，退休金、投資理財商品、壽險等，如何適度配合所需，建構滿足晚年需求的經濟系統，免除坐吃山空的憂懼。至於教育方面，樂齡大學、樂齡資源學習中心等單位，提供終身學習、世代互動、經驗傳承的具體平台，善加利用，必能豐富老後心靈。

此外，宗教、安寧關懷等社會資源，都有助於老年安穩。

至於案例故事描述的中高齡住宅，傳達了一個值得參考的整合性概念。簡單說，就是創造支持年長者自理生活的居住模式。

這個居住模式具體而微地表現在二十四小時的服務中心。當生活中一切事務，有專人隨時提供必要的協助，年長者就能夠排除障礙，輕鬆自在地自理生活。如果這個生活模式還導入了經濟、教育、宗教、安寧關懷等社會系統，便成為適合現代社會中高齡長者安享天年的理想環境。

如何妥善規劃二十年的餘命，可說與延年益壽同等重要。

第二章

老年居，大不易

同住一個屋簷下的好意，孩子懂嗎？

街坊鄰居都知道，開中藥行的劉阿伯，近年真是滿滿的幸福感。

先是兒子娶媳婦，再是嫁女兒，眼前長孫也要足歲，整日在店鋪玩耍，逗得劉阿伯嘴角眉梢全是笑意。與客人招呼，劉阿伯的視線總離不開金孫。偶爾下午，妻子推著嬰兒車，帶孫子散步。劉阿伯千叮萬囑，一會兒嫌外套太薄，一會兒擔心馬路上車多危險。有時候，乾脆自己也跟出門，把店交給兒子看顧。

劉阿伯的兒子倒是一直想搬出去，他認為中藥市場不停萎縮，要在同業中脫穎而出，就必須有所創新。如果能夠在鬧區租下一間透天厝，一樓開業，二樓家居，小倆口齊心經營一間有特色的中藥行，多理想。

但是劉阿伯始終反對，認為兒子口中描繪的店鋪裝潢、藥材包裝，還有促銷活動等，全都是花招。藥材的貨真價實，才是永續經營的不二法門。父子為了這件事，不知爭執多少回。

畢竟，劉阿伯深知自立門戶的困難，擔心小倆口邊顧生意，邊顧小孩，難免蠟燭兩頭燒。因此劉阿伯左思右想，自己與太太兩人身體還算硬朗，三代同住一個屋簷下的好處多多。一方面，由他們照顧金孫，兒子不必疑慮托嬰中心是否安全，肩頭更不須負擔育兒、房租或房貸的經濟壓力；另一方面，奮鬥一生的家業，順勢一步步放給兒子。這豈不是雙贏？

劉阿伯是這麼想的。可是，這幾天他竟然也有些動搖。

原來是劉阿伯熟識的佛寺住持，在得知他與兒子的衝突後說：「哎呀，你不給自己煩惱，別人就不可能給你煩惱，都是因為你的內心放不下。其實孩子有他自己的人生，你這樣能綁住他多久？」

劉阿伯這才醒悟兒子想要創業的念頭，宛若他年輕時，一心為家人，也為自己爭口氣。這一路走來的甘苦，現在回想起來，不就是人生必經過程？硬要將兒孫留在身邊，即便是好意，恐怕兒孫也不一定領情吧。

「怎麼樣才能皆大歡喜呢？」劉阿伯站在中藥行櫃檯，望著手中的戥子，陷入沉思……

對於某些家庭而言，三代同堂可降低育兒成本，而祖父母的親力親為，更有著保母或托嬰中心無法取代的優勢。三代同堂似乎是一個多贏的方案。

在三代同堂的生活中，年長的父母得以保持活力、延緩老化，促進親子與代間關係；兒女得以舒緩經濟壓力、托育疑慮；孫輩則能有熟悉的照護者與穩定的環境。

根據行政院主計總處統計，在不婚、不生的社會潮流下，單人及夫婦家庭戶數均呈現增加趨勢，但由夫妻與子女組成的「核心家庭」戶數卻裹足不前，占比大幅下降。其中有一個值得觀察的現象，從二〇〇一年至二〇一六年，台灣的三代同堂家庭占比僅略從十五．四八％下降至十三．八三％，戶數從一百零四萬戶微幅增加到一一七萬戶。由此可見，三代同堂在台灣社會的家庭組織型態中，仍然是許多人的選項之一。

要建構一個合適三代同堂的居住環境其實不難，也確實有很多優點。以劉阿伯的故事來說，因為三代同堂，胼手胝足開創的中藥家業可以傳承，成年的孩子也能得到家庭的支援，凝聚力量，大展鴻圖，連幼兒都有長輩幫忙帶。

台灣社會近年也出現專為三代同堂設計的合併住宅，除了鄰近學校，也顧及到年長者的日常照護服務，而且社區清潔、保全與設備維護均統籌管理。透過這種居住模式，三代同堂的基礎相對穩固。

三代同堂當然也有其困難之處，例如怎麼營造世代和諧的生活，就是一項極為困難的挑戰！

如同劉阿伯的家庭，第二代對事業有自己的經營理念與規劃，如果未能給予尊重，父子關係恐怕產生裂痕。而且在同個屋簷下，兩代教養觀念差異、婆媳相處、私人空間的需求，以及侍奉長輩起居等，也都可能慢慢浮顯問題，甚至變成引發衝突的導火線。

一般而言，成年人在組織家庭後，多半將生活重心放在教養孩子身上。當孩子羽翼漸豐，展翅高飛，為人父母者「空巢期」的失落難免。如何與成年子女保持適當距離，尊重彼此獨立的人格與生命，也是父母要修的一門功課。

而劉阿伯最該煩惱的，或許不是兒子想自立門戶，而是屆齡退休的「老倆口」該怎麼「樂退」？怎麼規劃自己的老年生活？假設子女不在身邊、身體不再硬朗，什麼樣的居住模式可以讓他們過得無憂無慮，安養天年？

年長者是不是也該為自己的未來，多考慮一些？

出不去的門？回不了的家？

許爸爸出生於日據時代，父親早逝、家境清貧，因此沒念什麼書，隻身北上後也只能找到鐵工廠黑手的工作。因緣際會認識從小被賣到台北當養女的太太，結婚後兩人努力打拚，一心一意只為擁有一個自己的家，讓四個心愛的子女不要像自己小時候一樣四處漂泊。

他們努力存錢，終於在老社區買了一間三十多坪的公寓四樓，雖然常常要拿著重物爬上爬下，卻一點也不覺得辛苦，因為這可是夫妻倆朝思暮想、胼手胝足所建立的甜蜜家庭啊！

為了償還貸款，兩人另外租屋開了家小雜貨店，太太個性能幹，除了照顧兒女，也幫忙店裡生意，更常利用標會、起會籌措資金，確保一家生活無虞。

所謂關關難過關關過，一家人的日子總算是過得安穩。

四個孩子一天天長大，家裡空間漸感不足，但夫婦倆實在無力再換大一點的房子。後來三個女兒陸續出嫁，兩老與獨子的一家三口，居住空間還算差強人意。數年前，政府開始努力推行老舊社區都更計畫，好幾個建商頻頻到社區遊說，但都因為許爸爸捨不得這充滿回憶的家而不了了之。

有一天早晨，許爸爸一如往常在妻子的陪伴下，到附近公園運動。回家路上，許爸爸竟突然無法控制腳步，倒在人行道上撞得鼻青臉腫，就醫後經醫生診斷為早期帕金森氏症。從此因為樓梯的限制，除了必須回診時，由兒子協助攙扶下樓，其他時候基於安全考量，只能過著幾乎足不出戶的生活。

一年前，許爸爸在家中突然昏倒，許媽媽慌張地打電話叫救護車送醫急救。子女接到消息都趕到醫院守候，還好最後化險為夷，許爸爸醒了過來。雖然從這場中風撿回一命，卻也加重了帕金森氏症的病情。

因為在病房臥床，雖然醫師建議可以試著下床走動，但許爸爸已經沒有站起來的力氣了。一家人聚在病房外討論，都認為以許爸爸目前的情況，家大概暫時是回不去了，可能要先住在養護中心，等身體狀況好轉，再接他回家。
當子女告訴大病初癒的許爸爸，他聽著聽著眼淚不由自主地從臉龐流下……

根據內政部統計，二〇一七年六月，台北市超過四十年屋齡的老房子占比接近三成，全國屋齡的中位數是二十七．九年。早期建造的老公寓，多數沒有電梯設計，也未考慮無障礙的需求，對於高齡或失能的族群來說，狹窄陡峭的樓梯成了難以跨越的圍牆，充滿回憶的家就成了關住自己的空間。

其實沒有任何一個住所可以滿足一生中各種不同狀況的需求，它可能隨著工作的地點而改變，也可能視家中的人口數而調整，更需要配合身體健康的狀況去考量。很現實的是，台灣的房價高，多數人一生只買得起一間房子；然而，一生只有能力買一間房子就代表一生只能住一間房子嗎？

案例故事中的許爸爸因為房子買得不容易，一生最美好的回憶也都匯聚於此，情感面讓他難以接受都更。另外，也因為不了解或沒有預想到老化可能發生的狀況，而未能客觀考量到目前的住所是否真的是適合的晚年居所。又於每個人老化所產生的狀況各異，人們大多抱著僥倖的心態，認為最糟糕的狀況不一定會發生在自己身上，船到橋頭自然直，到時候再說。

基於風險控管的理由，未來規劃應該要考量到最壞的情況。通常到了退休年齡，子女大多離巢，適合重新思考未來居住需求。例如，顧及年老時行動上的需求，是否都更值得進一步理解？又或者賣掉老公寓，換成坪數較低的電梯大樓會是一個不錯的選項……

隨著年齡漸長，對於新環境的適應能力通常不如以往，更應該及早準備。將老時就開始多了解老年變化的種種可能性與不同需求，及早制定因應之道，如同我們在出社會工作前，不也花了多年時間學習，接受各種必要的訓練嗎？

退休準備教育、老年準備教育在台灣仍未被重視，這是現在大學可以努力的方向。對於老年，大多數長者都在摸石子過河，運氣好的話只是摔到水裡一身濕，若是運氣不好被大水沖走，盼了大半輩子的美好退休生活化作雲煙，豈不遺憾！

為什麼要搬到共居的住所？

照片中的兩人手牽著手，滿臉笑容，陳先生意氣風發，陳太太眼神洋溢著幸福……

夫妻倆其實是苦過來的，中年創業，和幾個志同道合的「操盤」高手合資成立一家證券公司，經過激烈的競爭，終於在證券市場占有一席之地。陳先生從陳理專變成了陳老闆，除了積極把證券業務拓展到海外，也擴大投資房地產，雖然生意非常繁忙，但夫妻攜手同心，那份踏實的感覺就是他們對幸福的最佳詮釋。

經過多年的努力，兩人事業版圖遍及海內外，居住在天母的獨棟別墅，出入有名車代步，司機、管家齊全，夫唱婦隨的工作與生活，讓身旁的親友羨慕不已。無奈好景不常，陳先生六十五歲那年，因身體不適到醫院檢查，發現竟是癌症末期，沒多久就離開人世。

孩子們為了接起父親留下的事業，在海外忙碌奔波。失去另一半的陳太太始終找不到振作起來的理由，她索性退休，把國內事務交給公司老臣全權處理，一個人成天待在偌大的別墅裡。雖然家裡有大庭院、游泳池、高級音響，也有傭人伺候、司機接送……，但她感到無比落寞，六百坪空間帶給她的不是享受，而是更多的感傷與恐懼。

陳太太逐漸失去活力，最愛以歌會友的她，連原本每週固定報到的卡拉OK也不再去了，整天在家中，誰也不想見。從前她喜歡坐在二樓陽台，觀賞著庭園裡生意盎然的花草樹木，現在就算是百花爭豔，也無法吸引她的目光。偶然看到擺在床頭那張與先生一同出遊的甜美合照，她的眼淚就不聽使喚地奪眶而出。

孩子們很擔心媽媽的狀況，平日工作繁重，一有空檔必定回家陪伴，或者邀約媽媽一起出遊。然而對陳太太來說，這些都像沙漠中偶然出現的綠洲，沒辦法為她枯竭的生命注入活水，她始終活在喪偶的痛苦之中。

眼看媽媽的狀況並沒有隨著時間得到療癒，孩子們開始讓媽媽到身心科就診，希望藉由醫療方式來緩解憂傷，也請家中傭人特別留意陳太太是否定時用藥。但畢竟藥物只能治標，不能治本，唯有設法調適心境，才可能真正好轉。

醫師建議子女輪流多陪伴媽媽，一起外出參與社交活動，結交新朋友，重建社交圈，讓媽媽找到新的生活樂趣。要參加什麼活動？怎麼安排？幾個孩子七嘴八舌地討論，卻始終有心無力，找不到一個好方法。眼看著媽媽一步一步地封閉自己，子女們莫不憂心忡忡。

多數人的人生歷程都是從一個人到兩個人，再從兩個人到很多人，但最後終歸孤獨。子女離巢、喪偶是許多人難以承受之重，如何把自己一個人的生活規劃好，絕對是人生重要的課題。

當人生從多數回歸單數時，不僅需要家庭的支持，也需要社會人際的支援。近年來，國內外對於年長者的共居模式開始有許多討論。在《在下流時代，也要做幸福老人》一書，作者日本趨勢預測家三浦展透過調查報告的研究成果，把日本的老人依可支配的資產分為「上流老人」跟「下流老人」，再分析兩種生活類型截然不同的年長者對於老後生活的幸福感受。

調查發現，「上流老人」容易因為家庭不睦、缺乏子女陪伴而感到不幸。他指出，如果只是因為社會風氣鼓吹「沒存個幾千萬怎麼養老？」而將心力都花在賺錢、累積財富上，反而忽略與家人親友相處的時光，更容易在老後失去家庭的支持，變成「上流卻不幸的老人」。相反的，無論資產多寡，若常與家人朋友相聚，即便不富裕也能感到幸福，所以作者在書中特別提出了「利用共享生活創造老後幸福」的概念。

根據統計指出，因為高齡化、少子化、晚婚、離婚率高……，相關社會因素影響，台灣的核心家庭（由父母及子女兩代組成的家庭）比重正逐年下降，與鄰國日本的趨勢一致。原本承載著至少四口之家生活的屋子，正逐漸顯得冷清，變成僅剩老夫妻相依為命，甚至是一人獨居的狀況。

先不談因為年長而日漸升高的生活風險，如果生活離群索居，失去人際互動的機會，日子過得單調乏味且孤單冷清，心理便會逐漸產生孤寂感。近年也有許多醫學研究證實：孤寂感是影響身心健康的可怕殺手。

以故事中的陳太太為例，儘管衣食無虞，甚至是相當富裕，但是先生驟然離世的打擊，讓陳太太喪失了對生命的熱情，甚至引發身心失調的症狀。根據中高齡共居住宅的案例，當住戶發生喪偶的人生巨變時，因為共居特有的共享生活機制與人際互動關係，比較能夠緩和生命重大事件的衝擊。例如身旁的共居同伴也曾經歷喪偶，能夠深具同理心地了解那份悲傷，並基於自身經驗給予適當陪伴，相互支持。透過共居環境所產生的準備教育，有更多機會看到他人如何面對生命歷程，從類似的生命處境中學習到經驗與智慧。

特別設計規劃給中高齡者居住的社區，為了兼顧傳統與創新的家庭價值，拆解一般住家的空間概念，重新合宜分配，例如樓上可以是一個個中高齡小家庭，但到了樓下公共空間，就變成共居、共享的大家庭。社區內最好還有二十四小時三百六十五天專業服務的團隊，隨時可執行各種管理服務任務，讓中高齡住戶舒適自在。

從房間坐電梯到一樓大廳看報紙，就有一群「老同伴」在互相打招呼寒暄；有興趣的話還可以跟「老同學」們一起參加課程，學習以前沒機會接觸的事物；自己一個人吃飯太孤單？那就到餐廳吧！幾百人的大家庭，餐廳可熱鬧得很，一起嫌今天的菜餚不夠美味，也是一種人生樂趣，不是嗎？

移居養老的生活有何不同？

自從移居中高齡住宅，老棋王的生活作息變得更加規律。在餐廳用過早餐，到住宅區一樓大廳看看報紙。上午如果沒有訪客，老棋王會回到他的「指揮室」，檢閱書櫃上一本本自製的精裝攝影集。裡面珍藏著一張張泛黃的相片，不止有他海軍上校退役前一幕幕彪炳的戰績，還有退伍後遨遊世界的記憶。午餐後上健身房，使用走路機、扭腰器約四十分鐘，再到大廳巡邏一圈。直到感覺本日的運動量差不多達標，老棋王或許走到二樓迴廊找人廝殺兩盤，或許也偷閒打個盹。至於晚餐結束，照例看完一輪新聞後，就盥洗準備入睡。

老棋王睡前會從床頭櫃的抽屜，拿出一盞小夜燈。這盞夜燈是他與太太赴俄羅斯旅遊帶回來的紀念品。老棋王會點亮它，次日清晨醒來再關掉，收回抽屜。

一輩子從軍，讓老棋王熟悉按表操課的生活步調。當初搬進這住宅區，多少也為延續多年的好習慣。「人生一半靠運氣，一半靠紀律。」老棋王常說，運氣不能把握，紀律卻操之在我，還益處多多。老棋王話匣子一開，通常會談到一次浴室滑倒，骨盆腔裂開，幸賴住宅區的服務人員訓練有素，立即將他送往醫院診療。不過老棋王講這個故事的重點，卻在於他之後的復健速度，硬是超出醫師預期，每次回診都讓醫師豎起大拇指。「這就是紀律。」老棋王咧嘴笑開，像是看慣大風大浪的老船長。

但這樣規律、頤養天年的退休生活，偶爾來點「波瀾」也是好事。對於一位棋王來說，當然就是有人下戰帖、鳴戰鼓的時刻。

老棋王年輕時號稱「不敗艦隊」，最高紀錄是與五人同時下盲棋，全勝。那時候軍艦橫渡太平洋氣勢軒昂，而他英姿颯爽，一身俐落軍裝。老棋王最擅長的棋路就是中炮連環馬，一手急進中兵，三兩下便轟得敵方膽戰心驚。儘管隨年事漸長，算度大不如前，老棋王落子時的指尖，仍有閃耀的鋒芒。

剛巧今天有學子參訪。閒聊中，一名學生詢問有無愛下棋的長輩，或玩個幾盤，陪這裡的阿公過點癮。導覽員看看錶，表示這裡的棋王應該在健身喔。上了二樓，果然，戴著深藍色蓋耳帽的老棋王，正用扭腰器舒緩肌肉。耳背的他，還費了勁才聽清楚有人「踢館」。

「好啊！」老棋王目光炯炯，顧不得他的健身計畫。「來，我們下棋。」

移居養老，生活自然會出現許多變化。

事實上，某些變化可以預期，像共居與獨居本來就有差異，共居因為與人互動變多，比起獨居要注意的人情世事自然增加，有些長者可能會為此感到困擾。但也因為完善的服務系統，生活的安全係數比獨居提高許多。持平而論，移居養老是一個選項，移居的長輩與一旁協助的親人，可以減少許多擔憂。

重要的是移居養老的地點，如何才能選得好，選得對，選得巧？

關鍵因素就是配合自身的需求，來選擇移居地。喜歡熱鬧的，應該避免獨居；注重隱私與生活品質的，應該審慎評估移居地的各種機能與條件。譬如，一個生活尚能自理的年長者，移居「住宅」或許是比入住「機構」更好的選項。

為什麼這麼說呢？理由很簡單，考量中高齡長者特殊性的住宅區，提供更為人性化的服務內容。舉例而言，中高齡住宅不會出現訪客時間、分門別科式居住管理等措施，住戶生活多自由自在。中高齡住宅可設置一個二十四小時有專人駐守的飯店式櫃檯，隨時因應住戶需求，亦確保居住安全。反觀以照護為重點的機構，限於功能及法規，不必然能提供這些服務項目。

案例中的老棋王，正是這樣一位精打細算的「模範生」。透過他的故事不難發現，移居中高齡住宅並未影響他規律的生活作息，甚至還有助於提升身心健康。

其實，在紀律的背後隱藏著許多深遠的考量。老棋王非常精準地將寶貴的時間「投資」在必要的事務上，善用住宅區提供的各種資源，不必三不五時出門買報、買菜、健身、訪友或下棋。這些日常所需，中高齡住宅區的服務一手包辦。而時間的彈性出來了，心裡的餘裕增加，形成一個良性循環，無形中也收得延緩老化的效果。

因此，移居養老可以是一種主動出擊。運用目前社會提供的資源，減輕老化帶來的身心靈負擔，將日常生活維持在最佳狀態。好比我們的老棋王，無論身在何處，只要聽到有人找他下棋，心頭就是一陣過癮，永遠都活力十足地接受挑戰。

什麼是智慧住宅？它真能改善年長者的生活品質？

沈大哥聽說老友搬進「智慧住宅」養老後，過得很是愜意。於是在女兒陪伴下，沈大哥參觀幾間標榜智慧化的安養中心或中高齡住宅。因為沈大哥對「智慧」的了解，不外手機、平板電腦這類產品，而智慧型手機這麼小一支，操作就繁複得不可思議，智慧住宅這麼大一棟，自己應付得來嗎？沈大哥不免有點懷疑。

沈大哥的女兒是飯店經理，見多識廣，在聽到他的疑問後，直說智慧型住宅不是父親想的那樣。

參觀的結果也確實讓沈大哥相當詫異。實際上，這些「智慧住宅」的設施，包括e化健康管理、全區域的感應監控、自動斷電及門禁系統等，都是針對老年人需求的數位科技應用。沈大哥還以為，智慧住宅不外乎手機遙控冷氣，拍兩下手開關燈，或者裝個感應警報器與隱藏攝影機。「爸，你電影看太多了啦。」女兒說。

「原來，服務才是智慧。」沈大哥不理會女兒的調侃，保持他一貫對於格言的愛好，總結了這段時間的參觀心得。

沈大哥的女兒也提醒他，這類硬體設備與服務只會愈來愈多元。「老爸你知道嗎？最近的新聞報導提到，現在有智慧床墊可以感測睡眠的呼吸，如果睡覺時發生呼吸中止症，床墊會自動調整頭與頸部的傾斜角度，促使輕微甦醒，讓人恢復睡眠的正常呼吸；還聽說有馬桶可以驗尿，再將分析結果傳給醫生喔！」女兒口中的科技新知，唬得沈大哥一愣一愣。

「但是，」她把聲音放輕，「爸，我覺得智慧住宅的重點不在這裡。」

女兒故意賣關子，「嗯？」沈大哥也把聲音壓低，像代表政府機關出訪的評鑑委員，雙手往後腰一擺，瞬間威嚴起來。

沈大哥的女兒見狀，忍不住一笑：「我覺得智慧住宅的重點，在它的服務團隊。再好的硬體設備，都要靠人來操作，也都以服務人為目的。老爸光顧著稱讚科技進步，有沒有注意到哪間中高齡智慧住宅的氣氛最好呀？」

「貼心才是真智慧。」沈大哥下了結論。

顯而易見的，智慧產品將有助於提升照顧品質，讓服務更到位。

在中高齡住宅中，無論是標榜智慧化的建築或生活用品，其目的無非提升長者的生活品質，同時也補強人力的普遍短缺。

一棟號稱智慧化的建築，通常能有效整合環境與中央監控等高科技，賦予住宅「大腦」，同時搭配便於操作的人機介面。

以案例中沈大哥參觀的智慧住宅來說，e化健康管理，即意味通過數位資料庫，建置個人化的健康管理方案，既省去紙本空間，也方便即時檢閱追蹤。

更進一步，或串連手機APP軟體，或配合大數據，為健康管理的實際操作，開拓許多可能性。

再如全區域的感應監控，即在兼顧個人隱私與居家安全的前提下，透過監控室，看顧老年人居家活動範圍，以因應各種突發狀況。至於自動斷電與門禁系統，也為確保老年的日常生活得以高枕無憂。凡此種種，可見目前所能提供的照護服務，已遠非傳統安養院給人的那種封閉、制式的刻板印象。

除了前述提及的幾種硬體設備與服務，針對老年人而設計的智慧住宅，理應處處充滿巧思。舉例而言，因應年長者較不靈活的手指動作，水龍頭即可使用較省力的裝置。因應起居需要輪椅代步的老人，廁所門可使用無門檻且易於開關的拉門。因應一般人生活空間所需的開放性，智慧住宅可規劃連通式陽台，方便住戶透氣，又能配合緊急應變時的需要。

總之，伴隨科技進步，智慧服務可觸及的照顧面向勢必更加寬廣。

若以目前台灣內政部頒布的「智慧建築標章」為依據，一棟合格的智慧住宅，包含資訊通信、安全防災、健康舒適、設備節能、綜合佈線、系統整合以及設施管理等指標，由此可想見其難度。

然而，再好的硬體與智慧服務，只是有功能但缺乏人性溫馨感受的產品，「人」才是關鍵。貼心的服務團隊，是活化智慧住宅的真正關鍵，也是服務中最難以複製的精髓。因此一間智慧住宅除了硬體外，它的「軟體」也應該留心觀察。

能夠勝任長期照護的服務團隊，通常懂得將心比心，能察覺年長者身心的細微變化與不同需要，並給予適當支持與反饋。這樣的服務也是多面向的，像是從協助長者健康管理、醫療諮詢、空間清潔、環境修繕、餐飲與交通等，到代辦日常瑣碎事務，好比戶政事務、銀行繳款、寄送包裹、衣物送洗等。如此包山包海的服務，自然也少不了「智慧」。

結論就是，「智慧住宅」加上「貼心團隊」，才是沈大哥老友愜意養老的真正原因吧。

第三章

熟齡財務規劃

美好退休人生即將展開，資產配置完成了嗎？

林老師與妻子兩人一個月領有近六萬元的退休俸，住在生活機能完整，且環境舒適清幽的民生社區，雖然銀行戶頭的存款不多，但日子過得倒也輕鬆愜意。

林老師長年在高中任教，一生作育英才無數，每天都過著規律而充實的生活，就連退休後也沒例外。清晨陽光穿透青鬱濃密的老樹枝葉，灑落在巷道內的柏油路上，剛享用過太太做的美味早餐後，林老師牽起太太的手下樓，一如往常地一起出門散步運動，再到市場採買生活所需。

漫步在民生社區靜謐的巷弄，夫妻倆有一句沒一句地聊著，聊到一雙子女雖然工作繁忙，無暇陪伴父母，但各有發展歸宿，讓父母感到放心。林先生看著身邊結褵四十載的妻子，覺得此刻人生如此圓滿，心中著實別無所求。

一日，夫妻倆清晨散步後，順道去住在附近的老朋友家拜訪，因為聽說老朋友把房子賣了，正準備要搬家。剛進門，林老師開口就問：「陳兄，住得好好的，怎麼突然要賣房子搬家呢？這附近的居住條件那麼好，最適合我們了，哪裡還有更好的選擇？你是遇到什麼困難嗎？大家都幾十年老朋友了，如果不嫌棄，儘管說出來，只要我能幫上忙的，一定盡力而為。」

陳先生一邊感動地謝謝林老師的好意，一邊趕緊解釋：「不是的，一切都好，請放心。只是我現在孤家寡人一個，子女也不在身邊，每件事都得親力親為，更深刻了解防患未然的重要。我們都快七十歲了，身體雖然也還硬朗，生活瑣事都可以自己來，但再過幾年呢？我沒什麼存款，就單靠月退俸在過日子，將來更老了，可能需要請人照顧；萬一病了，還有一大筆醫藥費要付，我想到就頭皮發麻。」陳先生又說：「不如趁現在我的老房子還有價值，落袋為安，為將來做些準備。何況現在的我要爬上三樓已經略感吃力，房子老了又東壞西壞的，反而成為生活上的負擔。我左思右想，與其要換新房子，不如搬去服務周全的中高齡專用住宅，生活上也好有個照應。」

林老師伉儷聽到原來是陳先生防患未然的安排後，也就放心了。回家路上，走在車水馬龍的民生東路四段，林老師心中反覆思量，索性拉著太太到路旁的小公園坐下，他開口說：「我們也是靠月退俸在過日子，銀行一樣沒什麼錢，唯一的資產除了一雙子女，也就只有這間房子了。會不會有一天我們其中一個先倒下，終究是要拖累兩個孩子呢？」夫妻倆抬起頭，看著路上一整排老榕樹，心中不斷想著陳先生剛剛的一席話。

這個案例提出了一種值得中高齡者參考的資產配置方式。故事中，陳先生盤點自己數十年努力所積累的資產，再根據實際生活需求重新配置，為老後人生尋找適合自己的最佳方案。

許多財經專家試圖預估退休後所需的養老資金，報章雜誌上也常看到加計通貨膨脹率之後出現的天文數字，無論是兩千萬還是三千萬，對於許多將退休者而言，都是遙不可及的目標。

曾經有一位搬進中高齡專用住宅的長輩分享她的理財觀，她說：「年輕的時候賺錢不多，勉強買了一個小房子，全家擠在一起；進入中年，職位升高，收入增加，有能力就換了大房子；年紀再大，面對子女離巢，自己又要籌措退休金，我索性把房子賣了來這裡過好生活。這樣不止自己安心，子女們也放心。將來如果還有餘，就平均分給三個孩子，而且現金很好分，可以免除處理家產的問題。」關於老後的資產配置，事實上有很多種選擇，只要觀念轉個彎，退休的路就會無限寬廣。

根據主計總處最新調查，二〇一七年台灣的住宅自有率為八十四．八％，多數人都擁有至少一間屬於自己的房子。再以案例主角所在的台北市來看，平均屋齡是三十三年，且三十年以上屋齡的住宅占了六十％以上；二〇一七年的最新資料，台北市四十年以上老屋占比更是超過二十九％。也就是說，如果你也像案例中的主角一樣，擁有一間位在台北市區的房子，目前它有很大的比例是處於老卻又有價值的狀態。

再來看看人口結構，二〇一八年三月底，台灣已經進入高齡社會，每七個人中就有一位是六十五歲以上的長者。加上近年台灣的生育率幾乎在全球敬陪末座，根據內政部戶政司統計，每年新生兒人數僅在二十萬上下徘徊，二〇一七年台灣總生育率僅一．一二五，全球排名第三低，人口高齡化問題飛快地惡化。八年後的台灣就會成為超高齡社會，每五個人中就會有一位是六十五歲以上的長者。

從供需的角度分析，長期來看，房價必定因為需求的減少而下降。殷鑑不遠，這樣的狀況已經在鄰國日本得到印證。故事中的陳先生與多數台灣人一樣，擁有一間屬於自己的房子，但他不想固守老窩，而是趁著房屋的價值還在，捨去對他而言不再適用、日漸造成生活問題的房子，並且進一步靠它創造新價值，利用售屋所獲取的寬裕資金去規劃退休生活，例如選擇到提供服務的中高齡專用社區居住。不但不用擔心財務的變數，子女也因為父母得到完善照顧而安心，如此豈非兩全其美？

如何以押租金租賃模式選擇老後居所？

在好友陳先生搬離民生社區之後，「老後安排」就成了林老師伉儷茶餘飯後熱烈討論的話題。理智上，他們都認為陳先生說的很有道理，但要他們搬離這個住了數十年的老窩，心中卻是怎麼也放不下。走在那條走了幾十年，綠樹成蔭的人行道上，一切是那麼熟悉，情感上真是讓人難捨難離。

可是回頭面對身體一天天老化的事實，未來不是沒有風險的，夫妻倆感到進退維谷，遲遲無法討論出務實可行的方法。於是他們決定聽聽兩個孩子的意見，也想去看看陳先生搬過去之後過得如何？

夫妻倆約了孩子回家吃飯，順便開個家庭會議討論未來的安排，林老師在飯桌上說：「孩子啊！爸媽年紀大了，你們倆也都忙於工作，現在我們身體還算硬朗，看起來沒什麼問題，可是將來有個萬一呢？」林老師繼續說：「爸爸的好朋友，住在附近的那位陳先生，前陣子把房子賣了，說是要籌措退休資金，為將來做好妥善安排，現在還搬到中高齡專用社區去住。爸媽聽了有點心動，可又放不下這裡的一切，你們兩個怎麼想呢？」

女兒聽到爸爸的話，望著天花板上旋轉的老吊扇，表情陷入沉思。在南科上班，難得回家一趟的兒子說：「其實我也常在想這個問題，姊姊除了要照顧兩個孩子，還跟姊夫一起打拚事業；我跟媛婷在南部工作，經常要到國外出差，沒能回家盡孝，我們心中很愧疚。如果爸媽想看看有沒有更好的居住選項，我跟姊姊就一起陪你們去探望陳伯伯，順便了解一下他那邊的狀況。你們覺得這樣好嗎？先看看也無妨。」

兩個月後，一家人難得有時間相聚，便一同去探望陳先生。除了順道了解中高齡社區所提供的服務內容、認識附近環境，也詢問了入住的方案來參考。一家人感覺這裡環境清幽卻又不失生活機能，跟自己原本居住的地方比起來，也沒太大落差，倒是提供了許多服務，又有其他年長者陪伴共度晨昏，生活上應該會輕鬆很多。唯獨就是入住所採用的押租金租賃模式，最讓林老師伉儷感到疑慮。

要把老本放在別人口袋，總是令人不安心，林老師不斷詢問接待人員為什麼要用這樣的模式？老本有保障嗎？以後真的會退還嗎？……擔憂之情溢於言表。

押租金這樣的租賃方式，早年比較多使用在商用不動產的租賃，承租人必須先拿出一筆比較大額的押金，房租就由押金的孳息來支應。也因為這筆錢同時具備押金與租金的功能，所以稱為押租金。

為什麼中高齡專用住宅要用租的呢？賣斷不行嗎？押租金有什麼保障？押租金的租賃方式划算嗎？這些都是消費者好奇的問題。以下說明可以當作未來退休人士在選擇中高齡社區時的參考。

為什麼要用租賃的方式經營？賣斷不行嗎？

中高齡住宅的規劃設計與一般住宅不同，還為此建置了完整的服務團隊，如果採取賣斷制，當住戶有產權轉移，導致新入住者不符合規劃設計的服務對象，不僅會產生營運管理的問題，還可能造成服務系統無法永續。否則如果以銷售的方式進行，從營建商的角度而言，可以很快回收成本，何樂而不為？但整體住戶後續服務的提供又由誰來擔保呢？

押租金有什麼保障？

以潤福為例，承租人所繳納的押租金均有簽訂合約，由潤泰集團兩家上市公司（潤泰創新 9945、潤泰全球 2915），依房屋產權持有的比例負保證返還押租金的責任，實務上並不會有太大的風險存在。

從過往的經驗看，以押租金方式租賃中高齡住宅的成功案例屈指可數，原因就在於營運公司提供給消費者的信任度有多少，若不希望自己努力大半輩子累積的老本有任何風險，選擇正派經營、有信譽的股票上市公司，就是獲得保障的不二法門。

押租金的租賃方式划算嗎？

拿目前頗受關注的「以房養老」來比較，潤福租賃方案之一的押租金制度，僅以押租金的孳息作為房屋租金，如果有一天必須退租，押租金就會退還給住戶。相較於「以房養老」這類將自有房屋抵押給金融機構借取養老金的方式，更能將房產的價值發揮極致，最重要的是沒有潛藏的負債危機。

案例中的林老師伉儷如果選擇將老屋獲利了結來籌措押租金，手頭更會多出許多寬裕可供運用的資金，只要妥善規劃安排，將可確保退休生活無虞。假設夫妻倆因為月退俸不足以支應生活，而選擇「以房養老」的方式舉債度日，未來子女若要繼承，仍須歸還銀行所借支的本息，而且現今的居住環境也可能隨著身體老化而變得不敷需求，一來一回就讓老後生活產生巨大差異。

押租金還有什麼好處？

當行動自如、生活可自理時，以押租金入住適合的中高齡住宅，萬一將來有一天需要接受醫療照護時，可以選擇退租房屋，迅速將押租金取回，以因應不時之需。試想，如果連人生的最後一桶金都確保了，那退休生活想必可以無憂無慮地愜意度過。

什麼是一碗湯的距離？

錢不代表一切，但沒有錢卻可能失去一切。

退休前，老先生人生美好，工作一路順遂。外表風流倜儻，生活樸實節儉，存錢在台北市買下兩棟房屋，打算退休後作為養老之用，而一切也如計畫一一實現，直到……。

老先生原來是一位大學教授，因為表現優異，被借調到企業，還受到重用派往國外任職高階主管。一生專注於學術及工作，忙碌不堪，且工作地點經常調動，因此終生未娶，但基於緣分收了工作時身邊的特別助理當養子。

退休後依計畫賣掉第一棟房屋，住進中高齡住宅，受到團隊的照顧及服務，安享晚年，心想這就是自己的最後一個家，以後不用再四處漂泊、居無定所了。

幾年後，養子出於孝心，提議要買地蓋屋，接老先生同住，方便就近照顧。老先生雖然生活愜意，但舉目無親，所以幾經思考便答應了，賣掉第二棟房屋來資助蓋別墅的費用。

兩年後，富麗堂皇、所費不貲的別墅完工，養子也如其承諾接了老先生同住。於是老先生退掉中高齡住宅，把返還的押租金全給了養子，心想晚年就交給孝順的養子照顧，總算得享天倫。但過沒多久，美好的日子開始變調……

搬入新居才三個月，就發現兩人個性迥異，每天都為芝麻小事鬧得不可開交，互不退讓，一見面就爭吵。養子索性每天早出晚歸，假日也都安排活動及應酬，完全不留時間與老先生相處。雖然養子請了居家照護員照料老先生起居，但除了照護員，華麗寬大的別墅無人相伴，連三餐都獨自一人，生活枯燥無味。

住家附近杳無人煙，除了稻田，就是雜草，日落後一片漆黑。老先生終日鬱鬱寡歡，精神上極為痛苦，個性也變得孤僻、冷漠且暴躁，對照護員百般挑剔。好幾次，照護員為了舒緩他的情緒，帶他外出拜訪原來居住的中高齡住宅。工作人員一如往常熱情接待，老先生才露出難得的笑容，但講到自己的近況，即使個性好強不服輸，還是忍不住眼眶泛紅。

雖然老先生很想搬回中高齡住宅居住，卻因個性倔強而難以啟口，加上經濟大權已不在自己手中，內心備受煎熬，度日如年。

熬了兩年，老先生的身體明顯走下坡，時常進出醫院急診室，每次都是他與照護員的一場戰爭。照護員要獨力攙扶他上車，開車飛奔醫院，精神、體力都是極大的負擔，多次想要求去，卻又不忍老先生孤單無助，天人交戰下只好過一天算一天。漸漸的，進出醫院的頻率從每月增加到每週，老先生最終在醫院淒涼離世，臨終只有照護員在旁，養子並沒有出現……

根據調查指出，台灣民眾對於退休的財務準備普遍不足，雖然多數人都強烈認知自己要負最大責任，卻只有少數人懂得如何做好退休的財務規劃。大多數人無法實踐相關計畫，加上投資理財方式比其他國家保守，因此對於自己能否達成退休準備的財務目標缺乏信心。

案例中老先生對於退休的財務準備，主要是台北市兩間房子的資產轉換，賣掉一間籌措押租金，以入住中高齡住宅；另一間收租維持退休生活品質，銀行戶頭也還留有一些存款作為緊急應變所需。看似完美的退休財務規劃，卻因一個決定而變調。

老年生活想過得安心自在，經濟自主是首要條件。許多長者不是沒有經濟自主的能力，卻因為過多的親情羈絆而進退維谷。曾有一位潤福的住戶分享：「我留給孩子們的最大筆財產不是錢，而是我用自己的錢把自己的晚年生活規劃得很好，住在有專業服務的地方，把自己的一切都照顧好，不讓他們擔心。」他認為：「每個人的專長不同，如果每件事都可以交給專業，世界一定會更美好。我幾個孩子的專業都不是照顧老人，如果我讓他們照顧，不但可能沒把我照顧好，還浪費我用盡方法栽培他們的苦心。他們應該做的是一有空就來看看我，陪我聊聊天，然後像你們一樣，把自己的專業用在對的地方，服務國家社會，增進人民福祉。」

「總而言之，年長者不該讓自己成為孩子們的後顧之憂，應讓年輕人安心地為這個世界貢獻所長。」

其實，案例中的老先生有很好的退休理財觀念，但可能人生中缺少親情的陪伴，為了能在晚年享天倫，反而讓自己陷入困境。有人說世代相處最美好的距離是「一碗湯的距離」（熱湯送到長輩住處還不會涼掉），親近而不疏遠，保留一點空間給彼此，有助於化解世代之間觀念與生活方式的差異，增進彼此感情。

享天倫與經濟自主兩者並不相違，照顧好自己，把資源留給老後生活，擁有寬廣的選擇空間，才是退休財務規劃的王道。

第四章

儲存身心健康的本錢

如何做好中高齡的健康管理？

除了退休金，許多人還帶著一些慢性病離開職場，也因為退休後不同的生活方式，展開迥異的老後人生……

石先生與太太一起在六十五歲屆齡退休，之前兩人是忙碌的上班族，整天坐在辦公室的電腦前，工作壓力大，每天下班回到家都感覺疲憊不堪，只想躺在沙發上看電視放鬆心情。

忙碌的生活導致三餐飲食不正常以及缺乏運動，等到兩人退休時，已經是慢性病纏身。石先生有糖尿病，因為症狀輕微，並沒有定期監測自己血糖的變化，也不去就醫，更遑論按時吃藥；石太太在更年期後有高血壓、高血脂的狀況，但她是個按時吃藥的人，狀況控制得還不錯。

退休後，生活型態轉變，除了吃飯，石先生成日固守在客廳的電視機前，比上班坐的時間更久，體重卻不斷下降。他還開心地跟太太說：「一定是退休後壓力減輕，我的身材愈來愈標準了！」太太回說：「有可能嗎？壓力減輕就會瘦？我看你還是去醫院檢查一下吧！」石先生聽到太太這麼說，嗤之以鼻回嘴：「你不要酸葡萄心理，自己每天出去運動卻瘦不下來，就詛咒我生病。」

石先生嘴上不服輸，但想到自己最近經常在客廳看一下電視就睡著，還感覺四肢無力麻木，也是有點擔心，心想是不是應該聽太太的，去看一下醫生，不然萬一身體有什麼問題，盼了那麼多年的退休生活豈不泡湯。

石太太退休後的生活跟先生截然不同，她開始參與一些社團活動，培養運動的好習慣，也常跟著社團的朋友郊山健行。最近她報名社區大學一堂飲食養生的課程，接觸正確的飲食觀念，了解到高血壓與糖尿病的控制是飲食為主、藥物為輔，除了定期追蹤，按時吃藥，調整飲食與生活方式才是根本。

為了改善自己跟先生的慢性病病情，石太太決定從改變飲食著手，沒想到煮出來的東西卻被先生嫌棄難吃，不願意接受高纖、少糖、少油、少鹽的飲食，無奈之下只好另外為先生烹調他愛吃的食物，心想總比讓他一個人跑出去亂吃來得好。

石太太在規律運動、按時服藥、定期追蹤、正確飲食的幫助下，血壓的控制愈來愈好，原本高血脂的狀況也獲得相當程度的改善，一直想邀請先生加入自己的行列，卻總是不得其門而入……

有一天，石先生一早起床突然跟太太說：「還是幫我掛號去檢查一下好了，我腳上一個傷口一直好不了，還愈爛愈大，不知道是怎麼一回事？」

其實中高齡者的健康管理，重點就是八個字：防患未然，防微杜漸。

防患未然

每個人都知道，想要擁有健康的身體，均衡飲食、規律運動、充足睡眠……

都是必要的。但知易行難，知道跟做到之間有著遙遠的距離，所以大多數人需要透過適當的方式輔助，以養成健康管理習慣。

案例中石太太參與社團活動，還報名了社區大學課程，汲取健康新知，都是相當積極的做法。許多人會因為身體有些狀況，下定決心忌口或是運動，但往往沒多久便會中斷。若能透過群體機制，互相邀約及督促，比較有可能持之以恆。

如果是居住在提供完善服務的中高齡共居社區，除了有定期舉辦的講座，宣導各種健康促進概念，更能透過團體活動與課程安排，持續性的參與，協助中高齡者養成好習慣。

以潤福的做法為例，入住之前，會先安排與健康管理室的護理人員面談，初步了解即將入住者的整體狀況；接下來請對方前往醫院做指定項目的身心健檢，並提供健檢報告。所以，從正式成為住戶的第一天起，健康管理室對住戶的健康狀況就有一定程度的了解。

入住之後，健康管理室必須清楚掌握每位住戶的身心狀況以及生理數據變化，從身高、體重，甚至是血壓、血糖，再到疾病、用藥的狀況，並會與其他部門合作，協助住戶做好身體與心理的健康管理。

例如透過活動邀約，聆聽健康講座，參與特定運動或是健康促進課程，循序漸進培養住戶的健康管理概念，以及規律運動的習慣。萬一發現住戶有心理層面的問題，除了及早引導就醫，也會請家人及社區的服務人員多關心，並提供諮商的管道。如果住戶身體發生緊急狀況，專業團隊隨時做好萬全準備，能夠即刻從旁協助。

防微杜漸

健康管理並不侷限於健康促進以及緊急狀況的處置，中高齡慢性病的控制更是工作的重要一環。

國內醫療機構雖然已經開始成立老人整合科，但尚未廣被中高齡病患接受且運用。為了避免住戶重複用藥或誤服相衝突的藥物，健康管理室會在醫師及藥師的指導下，透過代排藥盒的服務，協助住戶重新整理用藥，一方面讓住戶正確用藥，另一方面也可藉由這項服務，了解住戶是否按時服藥。除此之外，餐廳能夠針對住戶身體狀況需求，提供必要的客製化飲食，不止住戶吃得下，更要求好吃，從飲食方面協助住戶控制慢性病。

規律用藥與正確飲食雙管齊下，有助於慢性病的控制。此外，健康管理室還能扮演住戶與醫療系統之間的橋樑，有效協助高齡病患清楚表達自己的症狀。透過了解狀況的專業角色從旁協助，醫師更能充分掌握病患病情的資訊，不論是醫療處置或處方都將更為精準且有效。

銀髮族的視、聽保健知多少？

從年輕時就開計程車穿梭在大街小巷的老劉，已經六十好幾了，素來小心翼翼遵守交通規則，堪稱優良駕駛。然而去年某一天，在路口的內線車道準備迴轉時，撞上對向的直行機車。幸好對方傷勢並不嚴重，談妥賠償金額之後，雙方就在警察局和解了。

老劉一直很納悶，明明確認過沒有車，怎麼還會發生碰撞意外呢？後來他到醫院檢查，發現自己高血壓沒按時吃藥，長期血壓控制不良，導致視力減退，視線範圍縮小了許多，這就是他沒發現那輛直行機車的主要原因。幸好視力減損的情況還沒有太嚴重，按時吃藥把血壓控制好，並用眼藥水治療，定期回診檢查即可。

有過一次這樣的教訓，老劉開始比較注意自己高血壓的控制狀況，開車也更謹慎小心，只要天色稍微暗了些，就收工回家。不過老劉減少開車時間後，最大的生活樂趣就變成滑手機，看兒女們轉發來的影片、趣聞。有時都已經躺在床上，還不忘貼心回覆小孫子的問候，引來老伴的嘀咕，「下了工除了吃飯睡覺，就抱著手機不放，眼睛還不是沒有得到充分的休息？」

老劉笑笑沒多說什麼，因為他知道說了，老伴也未必聽得見，這是她在紡織工廠辛勞幾十年的後遺症，耳力被長年高分貝的機器喧囂聲給影響了。年輕時症狀還不明顯，但年紀愈大，耳朵愈背，現在已經逐漸聽不清楚老劉、兒孫的話語，只能一直要人家再大聲一點，連鄰人在門口喚她，她也未必聽得到。

劉太太因為聽力不佳，老劉回應她時得提高音量，她自己講話更是中氣十足，外人不知情，還以為夫妻倆時常在吵架；看電視更是開得超級大聲，有時連鄰居都跑來抗議，讓她困擾不已。

貼心的女兒曾帶母親到大醫院就診，門診幾次後，醫師建議她配戴助聽器，雖然劉太太感覺有幫助，但用沒幾次就以改善沒有想像中的大，不想耳朵整天塞個東西，終究捨棄不用。她還調侃自己說：「到了這把年紀，平時應該也沒有什麼重要的事，聽不到就算啦。」

但也因為聽不清楚，時常發生與人溝通時雞同鴨講的狀況……，久而久之，她似乎變得不太愛與別人互動，更因為擔心鄰居抗議，連電視都懶得看了。女兒看在眼裡，擔心在心裡，萬一媽媽悶出病來，該如何是好？

隨著年紀增長，會逐漸出現身體機能退化的現象，視力和聽力當然也不例外，有位研究健康的學者曾經說過：「令人驚訝的是，即使是那些很注意健康的人，也很少會定期做視力檢查。」。

的確如此，長者大多將視力退化症狀視為理所當然，反正看得到就好，即使有些不舒服，也想著只要休息一下，應該就會恢復。視力的重要，多半是等到眼睛發出警訊，視線模糊了，甚至幾乎看不見了，才會被認真看待。

長者最常見的眼疾大致有老花眼、白內障、青光眼、糖尿病視網膜病變及老年性黃斑部病變等。其中老花眼、白內障與水晶體的硬化、混濁有關，發生原因除了退化，其實也與年輕時的用眼習慣有很大的關聯。至於青光眼的成因，部分與高度近視脫不了關係，但糖尿病與高血壓等慢性病患者也是好發族群，部分糖尿病患者甚至因為血糖控制不良，進而導致糖尿病視網膜病變；而老年性黃斑部病變除了因為視網膜老化，也與紫外線的照射有關。

從這些老年常見眼疾的成因，我們可以發現，老化病變雖無可避免，但身體健康狀況的維持，其實與視力保健息息相關，從年輕時開始留意並做好眼睛相關的保護措施，例如：避免未戴護目鏡在烈日下工作、避免長時間緊盯電腦或手機螢幕、做好三高（高血壓、高血脂、高血糖）的防治與慢性病的控制等，這些都能保護眼睛，延緩眼睛機能發生老化病徵。

在聽力方面，根據研究指出，台灣六十五歲以上的人口，約三成有輕重不等的聽力障礙，但單純因為老化而造成的嚴重聽力缺損，其實比較少見。案例中的劉太太，因工作長年處於噪音環境，造成老後的聽力障礙，的確是常見的原因之一，但除了噪音環境造成的影響外，高血壓、高血脂及糖尿病一樣與老後聽力缺損有相當的關聯性。

聽力障礙會間接促使長者減少人際互動，甚至引發心理問題；而重聽長者容易將電視機、收音機的音量開大，以便讓自己聽到，也會影響到同住親人的生活品質。如果是中度聽力障礙，配戴助聽器其實是有幫助的，但不能期待使用助聽器就能恢復正常聽力。助聽器的存在，主要是協助聽力障礙的長者改善溝通能力，保有生活品質。

聽力保健跟視力保健一樣，都要從年輕時做起，盡早遠離現代文明病。如果已經得到這些慢性病，規律用藥以妥善控制病情，有助於延緩視力、聽力的衰退。

對於年長者的視力與聽力保健，中高齡共居社區有具體的做法，以潤福為例，除了配合政府定期辦理老人健檢，更有護理師隨時駐館，掌握住戶健康狀況，並針對視力、聽力的變化提出正確積極的建議。健康管理室會主動追蹤住戶慢性病的用藥情形，並有餐廳配合提供適當餐飲，可有效控制慢性病，避免視力或聽力隨著年齡而嚴重退化。

什麼是老年不可承受之輕？

年輕時每天張羅著一大家子的三餐，總是在餵飽全家人的肚子後，才一個人在昏黃的燈光下默默收拾殘羹冷餚……

游阿嬤二十歲嫁入了大家庭，就成為盡責的家庭「煮婦」，四十幾歲時隨著夫婿至新加坡經商，才抽離原本繁重的柴米油鹽醬醋茶，也對食物恢復了自己的喜好和品味。由於先生喜歡品嚐大江南北的料理，夫妻兩人逐漸豐富了對飲食的品賞經驗，體會到食物的美好不止在味蕾之中，還在於食不厭精、燴不厭細的料理過程。每每大啖美食之後，他們都會討論摸索怎樣如法炮製。

六十歲回台北定居，夫妻倆還經常前往南門市場，選購臘肉、湖州粽、蟹殼黃等，帶回家打牙祭；也經常和鄰居王奶奶互相交流，市場上哪個攤位進貨的海鮮最新鮮。

不過這些年來，游阿公的牙口狀況開始走下坡，尤其因牙周病造成牙齒脫落，只得選戴活動式假牙，治療期間有十餘天成為「無齒之徒」。游奶奶於是先把飯菜煮好，再以果汁機打成漿，讓老伴飲用，但到了第三天，游阿公可就不高興了：「我沒有吃東西的感覺啊！」

即使後來戴上假牙，游阿公也沒能好好品嚐食物，他經常沒有什麼食慾，老抱怨假牙猶如身外之物，食物的口感都不對了。久而久之，游阿公的胃開始鬧脾氣，食量也大不如前。

游阿公不僅咀嚼能力不似以往，味覺好像也產生變化，同樣的美食當前，他卻食不知味。有時候，游阿嬤明明已經調味過了，游阿公還是直嚷著：「嘴巴裡都要淡出鳥來了……。」游阿公的身體原本就稱不上健壯，如今衣帶漸寬，日顯瘦削，最近他站上體重計，發現到一件事：「我每天都少了〇．一公斤！這該怎麼辦才好？」

這情況也讓游阿嬤擔憂不已，她到底要煮些什麼才能讓老伴恢復好胃口？

民生問題中，「吃」為首要，中高齡生活的最大挑戰，也包括飲食這一項。牙齒和人體健康狀況，息息相關。一旦牙齒出現問題，無法好好地咀嚼，將直接影響到胃部的消化和吸收。年紀大了齒牙動搖，雖然可以透過裝配假牙或植牙技術得到改善，但畢竟不是自己的牙齒，如果發生適應不良，無法發揮作用，再先進的技術也是徒然。

常見有些老年人，花錢做了活動式假牙後，卻戴不習慣，吃東西時仍然將它放置一邊，未能得到應有的效果。因此在裝配前應與醫師多溝通，並試戴且耐心調整，才能真正「利其器，善其事」。

有時對食物的體驗不同，或者味覺發生變化，都有可能導致沒有食慾，並非單純改善牙齒的狀況就可以解決問題。隨著年紀增長，味覺與嗅覺也會慢慢退化，因此有些年長者會不自覺地口味偏重，喜歡搭配醬油或是各種罐頭小菜，好為口中淡而無味的食物增加味道，無形中增加鹽的攝取。如果原本已有健康問題，更是提高了風險。

老年人的飲食應特別注意營養均衡攝取，選擇能提高食慾的食物，而且軟硬適中，方便咀嚼，以利消化吸收。尤其要避免體重一下子掉太多，維持體重是老年人的健康指標之一，如有不明原因導致體重持續下降，有可能是身體出了狀況，或者吸收能力退化變差，應就診檢查。經過醫師診斷，若無大礙，可依營養師建議，適時使用比較容易吸收的營養品，補充身體所需的養分，以維持身體機能。

事實上，心理的調適、固定的生活作息，與均衡飲食都不可或缺。這也是中高齡共居社區努力的方向，以潤福為例，它的餐廳光是在住戶用餐座位的規劃上，就費盡心思。在固定的用餐座位附近，都安排感情融洽且談得來的住友，大家利用用餐時間談天交流，以最好的心情享用餐點，有時互相交換健康生活資訊，甚至看顧彼此飲食的狀況。

三餐有營養師調配營養均衡的餐食，光是主食就提供了白飯、軟白飯、糙米飯、軟糙米飯，還有粥以及分成小塊的饅頭等。配合不同牙口的住戶提供一般或軟食等餐點，青菜也要分為正常口感跟軟爛口感烹調，甚至將魚類分成一般形式以及無刺的魚片給住戶選擇。為了因應身體健康狀況，住戶對餐點有特殊需求時，例如低糖、少油、少鹽、低普林……，餐廳都會記錄並依住戶需要及喜好提供客製化餐點，以滿足各種飲食的需求與期待。

如果護理師發現住戶體重有明顯改變的狀況，除了引導就醫查明原因，還會協助追蹤。若就診後確定單純是因為牙口不良，或消化系統退化引起的體重下降問題，將配合醫囑與營養師建議，協助住戶適當用藥並補充營養品，以避免體重持續減少的危機，導致嚴重的健康惡化。

如何預防健康出現「破口」？

六十五歲屆齡退休時，高先生早已慢性病纏身，現代人的文明病高血壓、高血脂、糖尿病，一樣都沒少，每天都要吃一把藥丸度日……

高先生退休前是個典型的上班族，每天早出晚歸，工作壓力很大，下班後疲累不堪，中年時也難逃發福的命運。雖然理智一直告訴他，如果想擁有健康的身體，一定要過規律的生活、注意飲食、養成固定運動的好習慣，但也僅止於想想，並沒有付諸行動。

退休後，屬於自己的時間變多了，他決定早晚都到公園快走，但從來沒有運動習慣的他，很快就放棄了，繼續過著他自認為愜意的退休生活。

過沒幾年，行動力竟開始變得大不如前，太太勸他不要老是坐在家裡，應該多出去走動，才不會退化那麼快，還邀他跟著自己參加的健行社團一起爬爬郊山，但高先生怎樣也不願意，好不容易把他勸出門了，卻看到他的背影竟已是步履蹣跚，令人不禁擔憂。

那一天，剛吃完午餐，高先生打算到樓上的房間打個盹，剛要舉步上樓，突然雙腳一軟，跌倒跪地，額頭撞到了扶手，膝蓋也受到撞擊，烏青了一大塊，可把高太太嚇了一大跳。

同住的兒子叮囑再三，要爸爸小心一點，但沒多久，高先生又為了整理櫃子，一不小心從椅子上跌了下來，太太在一旁使勁地拉，仍攙扶不起，連自己都差點跌倒，只好打電話請上班中的兒子回來幫忙。

送醫後，醫生說高先生是肌肉退化伴隨骨質疏鬆。這一跤跌得不輕，髖關節骨折，需要置換人工髖關節，手術後也有一條漫漫的復健之路要走。

手術後好幾個月了，高先生仍必須倚靠助行器才能行走，想到前陣子來家裡關心病況的老朋友，各個都還健步如飛，只有自己成日蹣跚學步，而且進展緩慢，心中有著無限的懊悔。早知如此，真是何必當初啊！

根據調查顯示，造成老人事故傷亡的主因，第一是交通事故，第二就是跌倒意外，六分之一的老人曾經有跌倒經驗，大致是健康因素及環境因素造成。

導致長者發生跌倒意外的健康因素，不外乎是視力減弱或肌肉退化所引起。

醫學研究指出，肌肉量會從三十歲以後開始流失，且速度會隨著年齡增長而加快，尤其是下肢肌肉。如果還有慢性病、營養攝取不足、缺乏運動等因素，肌肉會流失得更快，最終導致肌肉無力，發生跌倒意外，甚至因而臥床不起。

其實，透過日常觀察便可了解長者是否有肌肉退化狀況？如果常跌倒、行動遲緩、活動力變差、毛巾擰不乾、從沒有扶手的椅子上站不起來等，就應該要特別注意。

保持鍛鍊、營養充足是維持肌肉量的不二法門。中高齡共居社區以潤福為例，便提供了許多運動課程給住戶參與，例如平甩功、八段錦、健康齊步走、肢體伸展體操等，利用多樣化的團體運動課程，引導長者養成固定運動的習慣。畢竟獨自一人要持之以恆地維持運動，在心態上的確是難以達成的，這也是案例中高先生始終沒能持續運動的原因之一。而飲食方面，日常應該攝取充足的蛋白質，或更容易吸收的胺基酸營養補充品，以防止肌肉流失。

導致長者跌倒的環境因素，不外乎是環境設置不合乎長者身體特性所引起。統計指出，長者跌倒大多發生在家裡或住家附近，所以要特別留意居家設置是否合宜，並且考量到老年人的方便性、適用性與安全性。例如在馬桶、浴缸旁加裝把手；走道維持暢通，確保行走動線無礙；樓梯扶手轉角、櫃子銳角處以軟布或厚泡棉包覆，減少因跌倒而衍生的傷害。

此外，隨著年紀增長，中高齡者眼球附近的肌肉會逐漸失去彈性，導致瞳孔對光線變化的反應變差，所以居住空間應有明亮且間接的照明，避免眼睛適應不及，導致感官失衡而跌倒。

部分老年人因為骨質流失，造成身高縮短，原本的生活空間可能需要因而調整，例如床墊、座椅、置物櫃的高度都要注意，以方便長者可以直接拿取物品，減少跌倒意外發生的機會。

許多年長者因為缺乏持續的運動鍛鍊以及合宜的居家設置，造成跌倒憾事，而一旦發生跌倒意外，除了行動能力下降，讓生活品質變差，甚至可能引發老年健康維持的「破口」。

現代醫學發達，大部分發生跌倒意外的長者都能從傷害中康復，但部分會產生對自己能力失去信心的心理狀態，從此不敢出門，只願意在家中活動。長期下來，當然破壞了生活品質，也對身心健康十分不利。

比較痲煩的狀況是因為跌倒導致骨折，必須長時間臥床休養。根據研究指出，臥床一星期不動將流失二十%的肌肉力量，這要花上許多時間才練得回來，所以多數因跌倒而骨折的長者，最終都難以盡復舊觀。經過長時間臥床休養，就算努力復健，身體機能都可能大不如前；更有長者會在復健的過程中，發生再次跌倒意外，造成更嚴重的傷害。

再高的堤防都禁不起一處潰堤，而「跌倒」往往就是長者健康潰堤之處，真的不可不慎。

這就是失智症的前兆嗎？

丁老先生凝視著冰箱，廚房裡零零散散擺著鹽罐、碗盤，被油煙燻過的牆面，讓他有種自己已經煮過了午餐的感覺……或者，其實還沒有？

水槽裡沒有髒碗，雖然可能是他吃過、又洗乾淨了，但也可能是他根本還沒吃。為了應付這種情況，他特別在冰箱門貼上手繪月曆，以便記錄三餐，看來今天的午餐欄位還沒打勾，但他知道自己有時也會忘記勾，還是同樣沒個準。

到底吃過午餐了嗎？他思索著，最後終於打開冰箱，不管怎麼樣，煮碗麵來吃吧！

他不記得自己到底忘記這些小事幾次了，摩托車停在哪裡、陽台的花澆水了沒、鑰匙放在哪裡……。他在電視上看過很多失智帶來的問題，就像此刻新聞正在報導：

「台北市一名七十六歲的失智老人，白天兒子和媳婦上班時一人在家，他會不斷打開冰箱拿東西吃，無論生熟食都吃，於是兒子媳婦索性將冰箱鎖起來。不料，他因為找不到東西吃，誤將清潔劑當飲料喝，送醫急救……」

他想起，之前不知聽哪個朋友說過，關於身邊親人發生的事。一位可能罹患失智症的老太太上了公車，因為無法辨識位置，一站搭過一站。最後在一個似曾相識的地方急忙拉鈴下車，卻不慎在大雨中滑倒，釀成腰椎骨折的憾事。

丁老先生到陽台上透透氣，一陣沉重的茫然無助湧上心頭。他不知道，自己會在多久後，便沒辦法像現在這樣思考。他從未在子女面前提及此事，不想讓正在台北衝事業的子女，辛苦工作之餘，還要擔憂他這老頭子，加重年輕人的負擔。

大兒子與媳婦剛有了新生兒，要花很多時間、金錢和精力去照顧，哪能再增加他們的壓力呢？二兒子自從兩年前升上經理之後，每天忙碌得連吃飯睡覺的時間都快沒有了。小女兒還在唸研究所，半工半讀，自力更生。他記得她曾經不止一次自信滿滿地告訴他：「阿爸，我一定會努力，完成到英國去深造、拿到博士學位的夢想！」

他搖搖頭，台北生活費高，孩子謀生已不容易。退休十年來，老伴已先走一步，自己攢下的畢生積蓄，大概還夠自己十年的吃喝。只是逐漸老化的事實，伴隨如果生病無人陪伴的心慌……，這些未知的一切，令他不敢往下想。

丁老先生歎息著，他該如何是好呢？

根據統計估算：台灣六十五歲以上年長者之中，輕微認知障礙約占十八％；失智症人口約占八％；換句話說，六十五歲以上的年長者人每十二人中有一位失智者。而且年紀愈大，失智的人口占比愈高，八十歲以上的年長者中，每五人即有一位失智者。

台灣失智症協會依據人口推計以及失智盛行率相關資料預估，從二〇一七年起至未來四十五年，台灣失智人口數平均每天增加三十五人，也就是每四十分鐘即增加一人，對於這樣的增長速度，政府與民間都應有所認知，並且及早有所因應。

失智症候群並非正常老化現象，也不是單一疾病，而是一群症狀的組合。大部分患者罹患的是屬於退化性失智症，其中以阿茲海默症最為常見，典型的起始症狀為記憶障礙，甚至會對人、事、物的辨認產生問題；患者常會遺忘剛剛發生的事（短期記憶差），而較久以前的記憶（長期記憶）則相對在發病初期較不受影響。

失智症其他常見的類型還包括血管型失智症，通常是腦中風、慢性腦血管病變等原因，導致腦部血液循環不良，腦細胞死亡產生智力減退。在醫學上，也有其他因素導致的失智症，例如營養失調、新陳代謝異常、動脈硬化、高血壓、糖尿病等，都是造成失智的危險因子。甚至同一個病患也有可能同時出現兩種類型的失智症狀。

醫學研究，雖然經過治療，早期失智有機會恢復，但以防患未然的角度看，更應致力於預防或降低罹患失智症的風險，例如有研究發現，採用「地中海飲食」的人，認知能力衰退的速度會減緩，也有較低罹患阿茲海默症的機率；另外避免三高，並且戒菸、戒酒，有良好規律的生活習慣，也都有助於遠離失智症。

除此之外，平時多與人接觸交流，增強腦細胞間有效的神經連結，培養每週二至三次運動的習慣，維持正常體重，多動腦、算術（如買東西、算錢），多做刺激腦力的休閒活動（如打麻將），保持愉悅心情，擴大社交，多與親友接觸，有充足且品質良好的睡眠，保持大腦的活力，都有益於腦部正常運行。

故事中的丁老先生已經退休十年，雖然經濟狀況仍足以應付生活開銷，也還有自主生活的能力，但因為獨居，平時疏於社交，日常生活若只靠電視打發時間，長期而言，對於身心健康恐怕只會有害無益。至於丁老先生出現的症狀是否就表示罹患失智症，仍必須經過醫師的診斷才能確認。及早就醫接受專業的醫學診斷，才有機會掌握黃金治療期，切忌放任病情發展，反而會帶來嚴重的後果與損失。

年長者身體出現警訊時，該如何處理？

廖爸這兩天身體很不對勁。

在看午間新聞時，廖爸突然感覺視線模糊，連帶一陣天旋地轉的嘔吐感。廖爸不以為意，也沒跟廖媽講，午餐隨意吃兩口便自己回房小歇。

午睡後雖然情況有改善，沒想到幾個鐘頭過去，晚間新聞才播沒幾分鐘，嘔吐感竟變本加厲襲來。眼前遽然一片漆黑，廖爸趕緊朝廚房喊了廖媽幾聲。廖媽擱下鍋鏟，瓦斯爐轉小火，順手用抹布擦了擦流理檯上的水漬，然後走進客廳，問廖爸怎麼了？

廖爸靠著椅背，直說不舒服，頭暈想吐。

昨天不是才去黃醫師那裡回診？晚上的藥要不要先吃？還是中午吃了什麼

吃壞肚子？廖媽坐下，熟練地替老伴揉起背來。廖爸瞇著眼說藥都準時吃了，但身體還是怪怪的。廖媽問不出所以然，只好回廚房拿了杯溫開水，要廖爸吃完晚上的藥上床休息。

廖爸吃完藥，試探性問廖媽：「還是我們再去診所一趟？」

這一問倒讓廖媽臉一沉。廖媽與廖爸一樣清楚，八十幾歲的人，外出一趟不像年輕時方便。年輕時出門，騎摩托車、開車都隨心所欲，現在年紀大了走不遠，騎車、開車顧慮行車安全，叫計程車又捨不得開銷。如今兒女各有家庭，三天兩頭電話喚他們回來，也會給他們帶來麻煩。

廖媽這些念頭轉一轉，語氣跟著變得不太好。「有問題昨天怎麼沒跟醫師說？老么在顧攤走不開，你也不是不知道。現在幾點了，難道打電話叫老二開車回來？……」廖媽連珠炮似地轟得廖爸更不敢說話。這幾年，廖爸身體遠不如廖媽硬朗，經常要麻煩家人，性格也變得溫順許多。

廖爸揮了揮手，示意廖媽可以不用說了。「好啦，先扶我回房間休息，看明早怎樣再說。」廖爸剛講完，右手扶著客廳的茶几想站起來，卻使不上力，整個身體右半邊像是觸電一般痠痠麻麻，呼吸也變得困難。

「啊，不對……」廖爸聲音有些顫抖，「我好像是中風了？」

身體出現警訊時，應該盡速尋求專業醫療的支援，這對於擁有全民健保的台灣民眾，可說是容易達成的事情。問題是，當家人的身體出現警訊，如果疏於明確表達，而一旁的親人也未必具備足夠的病理知識，能夠加以觀察、判斷，那麼很可能延宕就醫的黃金時間。

延宕就醫的黃金時間，對於身強力壯的年輕人來說，或不至釀成無法挽回的遺憾，但對於年長者而言，絕對會增加醫療的風險。

譬如案例中的廖爸、廖媽，對於中風前兆的處理，乍看似乎都過於輕率。廖爸對於自己身體的警訊，包括突如其來的暈眩、視線模糊，處理方式也只是躺著休息。當情況加劇，廖媽介入協助的不過就是幫廖爸揉背、拿杯溫開水與提醒日常用藥。但平心而論，廖爸或廖媽的處理方式，不就是一般人居家常會有的反應嗎？

由於年長者在身體的感官、感覺、感受等各方面，都有不同既往的特殊性，對身體警訊的認識與判讀，不能僅依靠年輕時累積的身體經驗與病理常識。因為「老」這件事，對於年長者或親人而言，經常是個「新」體驗，有必要以謹慎的態度，與逐漸老邁的身體重新建立關係。

回到前述案例故事，倘若廖爸對於視線模糊與暈眩的警訊無法判讀，他可以致電家醫或一一九，向專業的救護人員，進行簡易諮詢，由其判斷有無緊急就醫必要。而廖媽透過觀察，發現廖爸食慾不振、提前午睡等行為，可主動詢問廖爸身體狀況，引導他即時表達，且不輕意妄加判斷，同樣可透過電話向外尋求專業協助。

再者，因為交通不便而打消就醫念頭，也不是妥善的處理方式。尤其當兒女不在身旁，兩老廝守有時不免感到孤立無援，如何縮短就醫的可能門檻，或許是進入老年生活的一門必修課。想要在這門必修課「及格」，我們就得確實認識老年，學習判讀身體所發出的訊息，並懂得及時尋求醫療支援。試想如果廖爸廖媽住在一個兼顧醫療與生活功能的住宅區，或者在地生活有支援網絡，風險不就可以有效降低？

當然，也不妨承認我們對於老年通常一無所知。承認無知，就是知的起點。

如何協助長者安全就醫與用藥？

地下電台正在介紹各種效用神奇的保健食品，剛好樓下宣傳車經過，傳來一陣陣「健康講座」的邀約，不止有贈品拿，還可以獲取最新健康資訊……

陸奶奶最近常莫名地帶回一批批成藥，追問之下，原來是聽了地下電台的宣傳，託鄰居王奶奶買的；甚至有時還在各種「健康講座」消費大筆金錢，買了許多保健食品回來。兒子和兒媳婦從一開始的好言相勸，到後來失去耐心，提高聲量，讓陸奶奶再也憋不住委屈：「去醫院看個病就要耗一整天，太折磨人了啦！」

原來，有多重慢性病的陸奶奶，常常得一大清早到醫院看診。掛骨科、免疫風濕科，兩科都要等一個多小時才看得到醫生，然後再等半小時拿藥；下午再掛神經內科，同樣流程再跑一次，一整天都在醫院裡打轉。有一次，甚至整整花了十小時！

每次跨科看診，耗去許多時間，待領到一大堆藥回家，什麼時候要吃什麼藥、該怎麼吃？她也搞不清楚了。有時陸奶奶會完全忘記要吃藥，或是把早晚的藥物顛倒吃。曾經有段時間，她把安眠藥弄錯成早餐飯後該吃的藥，導致天天早上昏沉沉地想睡覺，晚上反而睡不著。更糟的是，她還會不自覺地重複吃藥，由於劑量高，藥物的交互作用加上身體代謝差，有一次竟高燒不退，急診後才知是腎臟已經發炎了！

「藥吃那麼多，一點用也沒有……」陸奶奶不止一次對兒子、媳婦嘀咕。可是兒子和媳婦並沒有理解真實狀況以及她的感受，只是要求她一定要記得去看醫生複診。

這樣折騰了幾年，陸奶奶心想，既然醫生開的藥，大把大把吃了也不見效，何必這麼麻煩，還要特地到醫院去掛號、看診，浪費時間呢？直接買成藥來吃，也是一樣嘛！

況且，那些「健康講座」的藥物及保健食品，王奶奶和主講的陳先生都說有效，不止打折，還送贈品，非常划算啊！不僅如此，和王奶奶、李媽媽她們有伴，可以聊聊天，打發時間。有什麼不好？

憶及種種委屈，陸奶奶坐在沙發上，神情非常落寞……

依據國民健康署的調查統計，六十五歲以上長者，常見的慢性疾病前五項分別為：高血壓、白內障、心臟病、胃潰瘍或胃病、關節炎或風濕症。接近九成的年長者至少有一種慢性病，而有一半以上的年長者，同時有三項以上的慢性病。由此可見年長者就醫與用藥的複雜性，是非常高的。

多重慢性病除了看診等候時間多了兩三倍以外，一次拿回來的藥品太多，也難免會有忘記吃或重複吃的情況發生。尤其最怕的是，在各類診療之間並未相互參考，很容易造成藥劑過量或干擾，藥品之間可能有交互作用、劑量過大，或副作用的不良反應。

陸奶奶的兒子與媳婦平時忙於工作，未能每次都陪伴母親去醫院看診，再加上陸奶奶不正確的服藥習慣，使得藥效無法發揮，甚至產生副作用。最後導致陸奶奶對正規醫療系統產生不信任感，轉而購買來路不明的藥品、保健食品服用，對岌岌可危的健康狀況更是一大威脅。

在當今高齡化的社會趨勢下，類似陸奶奶這樣的狀況只會更形嚴峻，所以為人子女應多費些心思，關懷長輩的就醫、用藥情形，並且整理長輩用藥狀況，看診時可主動提供醫師與藥事人員作為處方時的參考，以保障長者的用藥品質。

除此之外，目前各醫院也開始實施以病人為中心的門診整合照護計畫，例如有設置多重慢性病整合門診，提供多重慢性病人良好品質的醫療服務，避免重複、不當的治療、用藥或處置，影響病人安全。

相較於個人或單一家庭，長者共居社區在健康管理方面可以有更便利、全面的支援。例如在潤福的中高齡共居社區中，常駐有護理師，協助長者做好日常的健康及用藥管理，並與附近醫療院所、藥局長期配合，可了解住戶的身體狀況、用藥情形。透過為長者代排藥盒，偕同長期配合的社區醫師、藥師，確實掌握長者用藥種類，為長者重整藥物，使其正確用藥。如果平時觀察到長者用藥後病況沒有顯著改善，也會主動關心用藥狀況，甚至利用餐廳用餐或到房間探視住戶的時間，主動確認是否服藥，協助長者用藥的規律性。

除了地下電台，年長者為了因應身體老化所產生的變化，有時難免會聽信誇大不實的廣告。而共居社區常設有護理師，年長者可養成習慣，面對身心健康方面的事務時，先接受專業團隊的協助與服務，例如若是購買了未經處方的藥品或保健食品，使用前透過護理師，向藥師諮詢如何與正在使用的藥物配合。如此一來，長者的用藥安全便得到多一層的守護！

老伴若是先走一步，怎麼度過餘生？

紀伯伯喪偶後陷入嚴重的低潮。

子女連哄帶騙，總算讓紀伯伯接受身心科醫師的諮商。醫師透過幾次問診，建議紀伯伯走出傷痛的兩個方法——「換環境」、「有宗教信仰」。

自強不息一輩子的紀伯伯半信半疑，但仍聽從建議開始行動。

首先，有宗教信仰不難。紀伯伯嘗試跟著子女一起聽講道、望彌撒，終於受洗成了天主教徒。但紀伯伯表示，對於聖經講述人類原罪，總有點隔閡。不過，聖經大多數內容還算有趣，五餅二魚的故事，常讓他想起與母親逃難，無數食不充飢的夜晚。

倒是換環境，可讓紀伯伯踟躕了大半年。

紀伯伯並不是怯於挑戰自我的人。年輕時，原想赴英國念戲劇，卻因內戰中斷了學業。來台後儘管重拾書本，家境卻大不如前。他順應教育條件，刻苦上進，轉念傳播學，投身台灣當時蓬勃發展的廣播電視業，更因緣際會在大學覓得教職，以教授一職退休學界。

紀伯伯說讀萬卷書，行萬里路，是他的人生目標。「既然退休前已經讀萬卷書，退休後，就該行萬里路。」劍及履及的紀伯伯，不久便帶著妻子遠赴美國紐約依親定居，沉浸在百老匯歌舞劇中，不知歡度多少夜晚。

這種非常人的膽識，也虧老伴承受得了。

遺憾的是人生終須生死離別，紀伯伯妻子因病先走一步。睹物思人，觸景傷情，紀伯伯獨居在紐約公寓，日子愈過愈消沉。因此，當醫師建議換環境，紀伯伯尤其認同。但高齡八十，生活周遭堆砌著不僅是回憶，還有沉甸甸不知從何整理起的各種器物。一想到還得搬家，實在教人意興闌珊。

紀伯伯幾番掙扎，心一橫乾脆都放下，全權交給在紐澤西工作的兒孫處理。接著，請孫子替他訂了機票，準備回台灣養老。紀伯伯聽說，台灣有不錯的老人社區，環境清幽，不僅神職人員定期來主持禮拜，且民間企業經營，處處「以客為尊」，對於住戶的身心靈關懷可說照顧得無微不至。

「試試無妨。」Open-minded 的紀伯伯這麼對自己說。

生離死別，往往伴隨巨大的傷痛。

但生活在繁忙的都會區，人們疏離感較強，對彼此關懷相對較弱，因此鶴齡白髮的年長者，一經喪偶容易陷入與人隔絕、無從傾訴的身心困境。

譬如，當出現胸口鬱悶、呼吸困難、易喘等身體反應，或者有專注力下降、健忘等認知表現，背後可能隱藏著憂鬱、罪惡感甚至憤怒等情緒因子。若是忽視並任其發展，恐怕會觸發焦慮失眠、酗酒、藥物依賴等不健康適應模式。

與長輩相處，或當自己也成為家族長輩，對於這類情況應提高敏感度。畢竟，人生不同階段所面對的也不盡相同，適婚年齡會收到密集的紅色炸彈，中壯年常有聽不完的爸媽經，到了垂暮之年，自然要為應接不暇的生離死別，有所跌宕、起伏。但如何才能不被悲傷淹沒？

正視悲傷，並尋求適當管道諮詢、宣洩或輔導，成為現代人要練習的課題。以紀伯伯的故事來說，喪偶低潮引起子女擔憂，透過子女的協助，尋求醫療管道的諮商，進而仰賴宗教與社會資源的支持，彌補老伴留下的生命空缺，讓紀伯伯身心靈能有新的寄託，不再困守幽谷陰霾。

這也是為什麼「橘色產業」除了有蓬勃的商機與利潤，足以吸引企業投入，而民間企業也能在此領域發揮克盡社會責任的理想。有別於以環保為訴求的「綠色產業」，橘色產業強調人本與人道關懷。高齡化社會來臨，世界各國積極推動的居家式、社區式照護服務，即屬於「橘色產業」的一環。

政府機構經常受限於法規、橫向溝通困難、年度預算與經費等主客觀因素，雖有出於良善美意的想法，往往窒礙難行，或者需要長久的時間。相較之下，民間企業具備更多的彈性，能夠打造出滿足民眾實際需求的整合性平台，同時為自己獲得合理利潤，掙得好名聲，締造雙贏甚至是多贏的局面。

想開一點就沒事了嗎？

住在中高齡共居社區十二樓的汪奶奶，年近九十歲，活力十足，平時除了戴起老花眼鏡看書，吸收新知、汲取正能量，每天早上都會到附近晨泳，有著規律運動的好習慣，更時常與朋友出遊，或是聽演講、看表演，享受慢活人生，樂在其中。

但沒有人看得出來，在十五年前，汪奶奶的身體極差，賴以為天的丈夫過世之後，她常覺得胸悶、心悸、想嘔吐、失眠、記不住事情，住在台北的大兒子不放心她獨自居住，甚至想提前退休陪伴母親。

而住在美國加州的二兒子也只能乾著急，不知道母親出了什麼問題。汪奶奶面對兒子們的關切，只回以「這裡痠、那裡痛」，上醫院卻檢查不出原因。

為了讓母親有更好的居住環境，二兒子便辦妥了所有證件，想帶母親到美國一起生活。

但就在臨行前一週，汪奶奶血壓忽然飆高，醫生叮囑不可長途飛行。兒子問汪奶奶，「去美國好不好？」她掉下眼淚搖頭，兒子才打消念頭。

汪奶奶有個姐妹淘程阿姨，經常來陪她，週日帶她上教會，領她上讀經班，逐漸紓解汪奶奶不安的情緒。為了減輕兒子的陪伴負擔，也想向好友的自在樂活看齊，汪奶奶追隨了程阿姨，一起住進這個中高齡社區。

兒子一開始覺得很惶恐，擔心是不是母親認為他不夠孝順，在美國的兒子也趕緊飛回台灣探視。直到親自感受到社區的專業管理與貼心服務，也看到了母親自在的笑容後，心頭大石才放下。

在好友陪伴下，汪奶奶逐漸重拾休閒生活，上午時常到大廳參與健康齊步走活動，每週二、四則固定參加陶藝班，作品還入選春季的館內聯展，讓汪奶奶找到新的生活重心。午睡過後，不時有牌友聚會，在三位已逾九十、其中一位甚至是一百零七歲的奶奶面前，她還算相當年輕呢！

受到另一位住戶陳太太的影響，汪奶奶開始學習游泳，改善了她的坐骨神經痛問題。有了這樣的信心，她便維持每天晨泳的習慣。

前幾天，汪奶奶在捷運上遇到一位六十餘歲的女性，眉頭深鎖，心事重重的。後來兩人攀談了起來，汪奶奶微笑地對她說了一句：「你要來找我喝杯茶嗎？」

沒有人是天生就學會樂觀的，遇到不順遂的事、遭逢嚴重打擊，或是驟遇變故，都會讓人難以承受，而陷入自責或自怨自艾。

年長者最無力面對的，有時就是生老病死的種種現象。隨著年紀漸長，身邊的親朋好友偶爾會傳來離世的消息，難免引發沉重的失落感和恐懼。心理若是長期籠罩在鬱悶的陰影下，身體機能也會受到負面影響，變得食慾不振、失神心慌，或是記憶力減退、頭暈、身體疼痛，對於生活中的大小事更是提不起勁。

當心理的負能量大過於正面，許多原本不必擔心的事情，也容易引發憂慮。每個人都是第一次變老，各種因年老而產生的身體不適或病痛，甚至親友離世的衝擊，這些都很難讓人坦然面對。也許會聽到有人勸說：「哎呀，你想開一點就好了。」或「你不要這樣想嘛！」事實上，這類安慰的話語並沒有太多幫助，反而可能會讓陷在負面情緒的年長者，在自己與周遭世界劃下鴻溝，更不容易走出來。

有時候，同伴或好友的引導，或是過來人現身說法的經驗談，也許能讓年長者釋放沉重情緒，打開心胸。或者透過注意力的轉移，有機會思考並了解到，不管生命來到哪一個階段，人生還是要靠自己去主導、掌握的。

汪奶奶就是透過姊妹淘，給了自己釋放的機會，也做了讓自己自在、自主的決定。來到中高齡社區後，還多了許多晨昏相陪的「老伴」，找尋屬於自己的快樂密碼。許多研究顯示，維持運動習慣的老年人，情緒也會導向正面，身體機能維持活絡的同時，也帶動了心理的穩定。

因此，找到自己有興趣的健身活動，並且固定參與，無論甩手功、八段錦、游泳或慢走，都可以是平衡情緒的健康管道。尤其，參加多人一起進行的怡情消遣活動，例如麻將、槌球、桌遊、唱歌等，透過年齡接近同伴之間的互動，加上時間的催化劑，老年時光，正適宜慢慢品味！

第五章

年老時，我們需要怎樣的照護？

接受長照，還是自己來罩？

七十六歲的詹伯伯夫妻，是朋友圈中的神仙眷侶，淨灘、登山、社區舞蹈，都看得到夫妻倆的身影。

打從詹伯伯退休前十年，黎明即起，兩人就維持著每天晨運的好習慣，詹太太雖然是家管，平日生活也是忙碌又充實，衛生所、婦女會、宮廟活動……無不看到她精神奕奕，樂此不疲。詹伯伯每日下班後，掌理著數十坪大的菜園，種植的愛心菜，是敦親睦鄰最好的見證。

詹伯伯退休後，菜園一角多了一處雞舍，他也多了圖書館志工、醫院志工的新頭銜，與朋友常相約爬山，夫妻倆健步如飛，連小他們二十餘歲的朋友們，也自嘆不如。

本來詹太太年輕時坐遊覽車容易暈車，還患有氣喘的毛病，持之以恆地晨起運動並參加歌唱班後，不知何時起，症狀竟開始有了明顯的改善。現在坐遊覽車出門時，還能負責隨車收費的總務工作，爬山更是一馬當先。

擔任醫院志工時期，夫妻倆也曾到長照機構拜訪過，看見很多臥床無法自理的老年人，無不感慨。人生奮鬥了一輩子，老年有閒有錢時，也要有好的身體，才能盡情享受人生，不是嗎？詹伯伯常笑著跟親朋好友閒聊，如果想要有好的晚年生活品質，比起拚命買保險、擔心生病沒錢醫，從現在開始注意飲食、規律運動，做好自主健康管理更為重要！

去年由區公所組成的阿公阿嬤活力秀比賽，融合歌舞及戲劇表演，他們所參與的隊伍精心排練了三個月，再度拿到全縣冠軍，還要北上參加北區的晉級賽呢！記得三年前，同樣的比賽甚至還打入全國總決賽，贏得遠近鄉鎮大大小小的邀約表演。念國中的孫子看著一群阿公阿嬤笑得燦爛、動作不含糊的影片，好奇地問，「哇！阿公這群朋友們，加起來超過兩千歲了吧？」

「當然囉！」詹伯伯指著一位賣力扭腰擺手的爺爺：「他有九十七歲了！

你看得出來嗎？」

試想，如果讓一般人包著尿布臥床，並且被束帶綑綁，那會是什麼滋味？應該沒有人願意嘗試，但有許多老年人正長期忍受這樣的折磨。

早在三十年前，日本的竹內孝仁教授就提出「自立支援」的照護概念，不包尿布、不臥床、不約束，用意就在協助長輩提升自主生活能力，減輕照顧者的負擔。但其實可以把「自立支援」擴大解釋為兩種概念：

如果是一位身體機能良好的中高齡者，自立支援的概念應該是：只要能夠自己做的，絕不假手他人，透過自理生活來維持身體機能不致因為老化而快速減弱。身體機能的維持，並不是短期的調養就可以達成，必須從年輕時期起多加注意，中高齡時期更要照顧好健康並有規律運動的習慣，才能奠定老年身體的「老本」。

也建議中高齡者維持一定程度的社交活動，例如擔任志工、參加社區活動、學習新事物等，與正面能量的同伴（老伴）一起分享各項訊息，從中獲得生活的成就感，保持心情愉快，擁有健康的身體。

老化過程中身體機能的維持，絕不能只靠心裡有念頭，而必須有實際的行動。「要活就要動」，生活瑣事能自己做就自己做，養成日常活動能站就不坐，能坐就不躺，能走就不坐車的習慣，再加上年輕時奠定的身體「老本」，幫助維持正能量的「老伴」，想達成「保健康、防失能、遠長照、樂老齡」的目標，並非難事。

另一種自立支援的概念是指，如果已經是長期需要醫療照護或生活輔助的人，在安全的前提下，仍應盡量透過復健的協助，在最大的限度內維持自主能力。復健後能夠自己照料的事務，仍應盡可能自己動手，例如行走、吃飯、如廁、摺衣、洗杯子等簡單的動作，盡量不讓他人代勞。能「動」就是福，因為身體機能就像機器，常常維持運轉，必然減少生鏽的機會。

根據內政部統計，二〇一八年台灣已正式進入「高齡」社會，每七個人之中就有一位超過六十五歲，並且預估在二〇二五年成為「超高齡」社會。儘管「維持生活獨立、延緩失能、減少照顧支出」，是長照政策的核心目標，政府也推出了長照二・〇政策，加強對老年人的照顧條件，但如果每個人都有「自立支援」的自覺，長照二・〇內容再好，也不及您自己先把自己照顧好，既可維持行動的自主、老年的尊嚴，更可以減輕家人照護的負擔以及社會成本的耗損。

擁有到了老年依然能夠獨立自主的健康身體，人生必然快樂而無憾，這更是給家人、子女最好的無形財產！

把晚年交給孩子照顧，是最好的選擇嗎？

林董退休後，忙碌程度似乎有增無減。一方面，林董交遊廣闊又雅好書藝，除了轉任朋友公司擔任顧問，號稱「點子王」，還每天勤於練字，一筆一畫籌備他的書法個展。另一方面，為了支援兒子的事業，稍有閒暇，便與董娘一起顧孫。「自己顧比較放心啦。」事必躬親的林董，喜歡這麼說。

林董有兩間房子，一間在台中，一間在苗栗。台中的家屬於電梯華廈，有管理員、地下車庫，還有一些並不符合年長者需求的公設。苗栗老家則是一棟占地百坪的三樓別墅，前庭植有一棵娉婷的美人樹，樹下是幾張石椅圍繞一座石桌，多年來家人聚會常在那裡烤肉，度過美好的天倫時光。老家外牆攀緣一片繁茂的炮仗花，經常讓拜年的親戚故舊，讚美不已。

但其實林董已經很少回苗栗老家了，尤其年邁的母親往生後，兩地奔波也不再是常態。「大房子難整理，工人也不好找啊！」林董強調，「一開始當作運動，但幾年過去，整理起來是愈來愈吃力。」

林董這幾年身體也有些狀況，像左邊膝蓋剛換過人工關節，一使勁直發疼。老伴幾年前動了髖關節手術，復健路也走得辛苦，不耐久站。總之，「是吃不消了。」林董還說：「沒人顧的房子容易遭小偷，我就被偷過兩次。」接著笑開，「但小偷不識貨，珍藏的墨寶，一幅都沒帶走。」

然而林董更遺憾的，應該是兩個兒子沒人懂得這些收藏的價值。就像這間別墅，一磚一瓦都曾讓他與老伴費過心思，「可是他們不會懂，」林董語氣與其說責備，不如說是帶點惋惜，「所以交給他們，我也不放心。」

最近，林董就考慮出售苗栗老家，計畫將所得資金，一部分做為養老金，一部分投資股票等金融商品。林董認真思考搬進養生村或中高齡專用社區的可能性，他認為這樣安排既省力又省心，還省了修繕費用與稅金，一舉數得，「說實在的，我還挺僥倖兩次小偷光顧時，沒讓我們遇上。」

倒是林董兩個兒子不很理解父親的想法。大兒子拍著胸膛，直率地說：「爸，以後我們會養你，你放心。」小兒子也一旁附議，「是啦，爸你放心。」

林董點頭微笑，「好，我知道你們孝順。」

照顧中高齡長者，是一門需要專業知識與技術的學問。

以荷蘭、德國、日本推行的「青銀共居」而言，通過優惠補助等方式，邀請居住都會區的銀髮族釋出空房，再媒合在都會區謀生的青年，與銀髮老人共同生活，以達到彌補長照人力缺口、跨世代經驗傳承、消解年長者生活寂寞感，以及青年經濟壓力等多重目標。

然而，複製這種混齡居住模式，實際上有相當門檻，亦即共居的年輕人，不一定具備照顧中高齡長者所需的知識與技術，更不太可能長期居住於此。曾有人說：「青銀共居的老人是住客，年輕人卻是過客。」因此，若無完善的配套措施，也可能影響長者心理健康，讓青銀共居變得曲高和寡。

事實上，就算是自己最熟悉不過的親人，應允承擔照護年長者的責任，但這承諾能否兌現，誰也說不準。

尤其當年長者的健康出現較嚴重的狀況時，要求處於壯年的兒女感同身受並隨侍在側，就不是一件容易的事。畢竟，今日的家庭模式與社會型態已然轉變，人們多數組織核心家庭，大部分時間又投入職場，光是期待自己孩子的短期陪伴與照顧，就有許多困難需要克服，更遑論奉養終老。

事實上，第一次照顧年長者就像剛當上爸媽一樣，都是需要學習的。新手父母可能因為不諳照顧嬰幼兒的方法，而導致意外；自己的兒女，也可能因為不認識老年人需求，造成兩代之間的摩擦與衝突。舉例來說，中高齡長者若是記憶力退化，不安全感遽增，連帶言語行為都不受控制，兒女是否都能「耐煩」且溫順相待？相信對誰都是個疑問。因此，兒女除了意願，也要建立「識老」的認知，並學習陪伴照護的方法與技巧。

案例故事中林董的想法可說是未雨綢繆，即便兩個兒子還不能理解。林董或許從照顧自己母親的經驗中，了解照顧長者與兩地奔波的真實情況，不是光靠一片孝心即扛得起。又或者林董從陪伴髮妻復健、打掃別墅的過程中，逐漸體悟老年生活的許多面向，也必須有所調整，老家反而不適宜「養老」。又或者說穿了，林董一生闖蕩，早認識到倚靠他人終不保險，自立圖強才是上策。

林董是不是已進一步認識到，與其將自己的晚年，交給事業家庭兩頭燒的兩個寶貝兒子，不如審慎規劃，委託專業呢？

怎樣的照顧與陪伴，能幫助長者老而彌堅？

碧琴的丈夫早逝，自己兒女也在國外，弟弟的事業轉往大陸發展，照顧母親的重擔就此落在碧琴身上。

自父親一年多前離世，一向依賴老伴的母親頓失重心，變得非常沒有安全感。碧琴不放心八十餘歲的母親一個人住，把她從嘉義接到台北來，每天下了班就盡快趕回家陪伴母親。

雖然母親記不住昨天晚上吃過什麼菜，但對於陳年往事，記性好得不得了，曾經有個週日下午，看了一齣電視劇喚起兒時的記憶，打開話匣子就拉著碧琴講了三個小時。

儘管碧琴自認為將母親照顧得無微不至，畢竟自己白天還有工作，尤其在繁忙時刻最怕電話響起，有時聽到電話那頭大樓管理員說：「您母親又忘記帶家裡鑰匙了！」或者母親打來表示分不清楚該吃哪顆藥了，碧琴總是心中慌亂不已，時常人在辦公室裡，心卻掛念著獨自在家的母親。

有一次，母親燒一鍋肉，差點把房子也燒了！幸好大樓管理員趕到，吵醒熟睡中的母親，及時滅了火。從此，碧琴再也不敢讓母親動手烹調。母親大概是自責，加上視力逐漸衰退、膝蓋疼痛，變得心情鬱悶，經常窩在家裡，足不出戶，即使親友來訪，也不願意再準備她最拿手的紅燒肉。

碧琴擔心母親白天在家無人陪伴，也不希望工作中時時牽掛著，於是決定提前退休。但沒有想到，母親從此變得更依賴她，甚至限制她外出活動的次數，總像個小孩子一樣巴望著她能天天守在家裡。

有次她參加同學會晚回家，母親居然板著臉，賭氣地連飯也不吃一口。事實上，為了陪伴年邁的母親，她早已謝絕多次好友的邀約、放棄長期以來的瑜珈課，更不用說她最喜愛的業餘舞台劇團練了！

朋友在電話裡聽著碧琴的訴苦，覺得這樣並非長久之計，建議碧琴，是否考慮帶著母親尋覓適合中高齡共居的住所？根據朋友的描述，這樣可以讓母親有機會接觸年齡相仿的住戶，重拾社交活動，碧琴也可得到喘息的機會。

這個建議，讓碧琴陷入深思，她並沒有把握母親是否願意。想想自己還不到六十歲，長年職場征戰，不曾預期提前退休，現在卻不得不然。

守著母親之餘，碧琴也不免想到自己的老後人生，不知會是什麼景況？

碧琴的母親是位典型的傳統婦女，失去老伴後，女兒便成為她的生活重心，甚至是唯一的依託。由於碧琴的孝心，一肩扛起責任，希望給予母親無微不至的照顧，沒想到卻失去生活的自主性，並且提前退休，也犧牲原有的社交及興趣。

對碧琴來說，自己如果長期被限制在「被照顧者」的生活圈中，人生不僅被打亂了，也會日漸失去自我，這不是退休前的她可以預料到的。「照顧者」

若不能有正向的心情與適當調適，長期下來，負面情緒恐愈累積愈多，甚至身心俱疲。碧琴或許可以思考，對於母親的照料，是否能夠更有智慧、更能解決彼此的問題？

我們習慣把身邊的長者歸納為「弱勢者」，然而過多的協助，反而弱化了長者原本可以提振的能力，包括如何獨處、如何自行完成簡單事務。其實透過鼓勵、支持與陪伴，讓身邊的長輩心情開朗，老而彌堅，或許才是照顧者首先要學習的事。

例如母親原本擁有烹煮紅燒肉的好手藝，因為擔心她再度燒焦引發火災，就不敢讓她烹煮，等於限制了年長者的能力。不如停用瓦斯爐，改讓母親使用電爐，或者請她口述指導，帶著母親到市場從挑選肉質開始，到回家的調味及火候，讓她從旁指點，面授機宜，想必能使年長者感覺獲得重視，重拾對生活本能的熱衷。

根據醫學報導，讓長者多與人接觸、對話，有助於腦內海馬迴細胞增生，減少罹患失智症的風險。碧琴的母親願意打開話題，是件好事，耐心陪伴說話，透過交談鼓勵她多與人接觸，一方面可排遣寂寞的心境；對照顧者來說，也獲得喘息的空間。

碧琴朋友的推薦，不失為一項可考量的方案。在中高齡共居社區，除了可以解決居住安全上的顧慮，平時用餐的打招呼、定期的團康活動等等，也提供許多與人接觸的機會。

碧琴不妨試著與母親溝通，或者一起前往參觀，如果母親可以接受共居的環境，居家安全有保障，老年生活有更好的規劃，碧琴也可以保有人生自主空間。這樣的選擇是否對母親、對女兒都好呢？

當碧琴在為母親尋覓更合適的居所時，其實，也等於在尋找自己退休後的圓夢人生。

管理照顧者是誰的責任？

這裡不適合我們，我們回台灣吧……

王伯伯之前是公務員，每天過著朝九晚五的規律生活；太太是標準的家庭主婦，相夫教子，用心養育三個孩子，栽培到海外留學深造。之後，孩子們在國外落地生根，結婚生子，如今都任職於美國知名企業。

每當兩老提到三個孩子傲人的成就，滿足之情溢於言表，羨煞親朋好友。如果硬要說有什麼缺憾，大概一樣也是孩子們太有成就了。

孩子們都在公司位居要職，收入高，時間少。縱使有心孝順父母，除了定期匯款供養父母花用，也很難找到時間返台省親。雖然孩子們時常與兩老通話，問候日常，但沒有兒孫在身邊共享天倫的日子，總是感覺缺憾。

三個孩子也不是沒有意識到父母年事已高，身邊需要有人陪伴，長此以往，恐怕發生什麼意外。無奈家庭事業都在美國，總不能拋棄一切回台灣從頭開始，於是他們興起了接爸媽到美國居住的念頭。

趁著聖誕假期，三個孩子邀請爸媽到紐約過節，也跟父母表達希望兩老留下，讓他們可以就近孝順父母。夫妻倆知道孩子們孝順的心意，很是感動，同意留在美國適應看看。心想如果日子還過得去，就算人生地不熟，至少生活上有孩子們在身邊照應，一切也都足夠了。

假期後，兩老留在小兒子位於紐約的家中，開始適應新生活。然而，現實卻與滿心期待的幸福生活有極大落差。孫子要上學，兒子媳婦要上班，白天原本也不期待兒孫相伴，但沒想到還落到足不能出戶的地步。不是不想出去看看紐約跟台灣的不同，而是環境不熟悉，語言也不通，實在提不起勇氣出門。

好不容易盼到晚上，媳婦、孫子都下班放學回家了，但媳婦是外國人，兩個孫子中文也不好，唯一可以說說話的兒子卻還在公司加班，要看電視又看不懂，這種日子比兩老在台灣相依為命還難熬。王媽媽心中感嘆，幾經思考後，開口對先生說：「老伴啊！如果回到自己熟悉的土地，至少還能出門去逛逛菜市場。你覺得呢？」

熬了兩個月，農曆新年將至，兩老決定跟小兒子提出想在過年前回台灣的想法……。小兒子聽了很心急，雙腿一軟跪了下去，眼眶含著淚水說：「是我哪裡怠慢爸媽了嗎？好不容易我們全家才能聚在一起，兩位哥哥也住得不遠，大家互相照應，有什麼不好嗎？怎麼突然說要回去了？」情急之下，小兒子問了一大堆問題。

兩老趕緊把小兒子扶起，王伯伯嘆口氣說道：「有你們在身邊，我跟你媽高興都來不及了，不是你沒把我跟媽媽照顧好，而是我們在這裡，語言不通又人生地不熟，你們一不在，我們兩個就像沒了腳，哪裡都去不了。」王媽媽接著說：「我知道你們擔心沒人在身邊照顧我們，為了讓你們放心，我跟你爸商量過了，我們一回台灣就去申請一個外籍看護來照顧我們，聽說花費不會太高。我跟你爸都八十多歲了，要申請應該也不會太難。如此一來，你們就可以安心打拚事業了！」

將子女培育成才，是為人父母者最感欣喜的事，但隨著父母年事漸高，子女的事業往往正進入巔峰期。身為子女，要急流勇退回家孝順父母，或是努力工作，賺錢聘請其他照顧者協助，的確是兩難的選擇。前述故事尤以為甚，孩子們都旅居海外，情況變得更加困難。

由於社會人口結構改變、大環境變遷，忙於工作的年輕人、中年人無暇親自照顧家中長輩，「照顧者」的需求也就因應而生。目前許多家庭引進了外籍家庭看護工來擔任家中長輩「照顧者」的角色，根據勞動部統計，二〇一八年七月，台灣已有超過二十五萬名來自國外的社福移工。

在二〇一五年時，勞動部便基於「現行許多上班族必須同時兼顧照顧長輩的責任，若無適當照顧資源，將導致離職及提前退休潮，盼藉由放寬聘僱外籍家庭看護工申請資格，有效舒緩家庭照顧者壓力，並提升國內勞動力運用。」

大幅鬆綁八十五歲以上長者引進外籍家庭看護工的限制，造成外籍社福移工的數量快速增加，其中也出現若干照顧或管理的亂象，值得大眾深思。

許多家庭忽略了一個關鍵問題，到底要由誰來管理「照顧者」呢？「外籍照顧者」與「被照顧者」單獨在家中，不僅語言溝通可能產生問題，被照顧者是否有能力管理照顧他的人？這也不無疑問。社會上有許多被傳為佳話的美好案例，但可能也有諸多不為人知的黑暗面，由於被照顧者無法表達出來而被隱沒。

「照顧」不容許閃失，不能把管理的工作交給老天，讓執行照顧工作的人只憑良心做事，管理作為是否正確，的確非常重要。假設案例中的王伯伯、王媽媽回到台灣，順利申請到外籍照顧者來家中協助生活，不僅有語言隔閡的問題，兩老也因無人協助管理看護而暴露在難以預料的風險之中。再加上照顧者通常是女性，無端造成夫妻失和的狀況，實務上也屢見不鮮。

如果運氣好，遇到無微不至的照顧者，兩老也都以平常心看待家中的陌生人，難道就沒有風險了嗎？日本在「介護保險法」實施後，「自立支援」的觀念日漸得到大眾認同，長者自己能做的就盡量讓他自己做，太過周到的照顧，可能會取代了長者原本還有的能力，導致長者快速退化，過猶不及，都需要讓專業協助把關。

看護不適任，長者有權利說「不」嗎？

明天，周媽媽就要換一位外籍看護了。

原先的外籍看護名叫依卡，手腳勤快，卻與手機形影不離，就連周媽媽到附近公園散心，依卡左手推著輪椅，右手仍緊黏著手機螢幕。有一次，她還不小心把周媽媽留在原地，順手推了另一位伯伯離開，直到被周媽媽叫住才驚覺推錯人了。夜深人靜時，也常有訊息鈴聲響起，淺眠的周媽媽領教了兩個半月，一口氣愈憋愈不是滋味。

某個週日，依卡休假外出，周媽媽聲色俱厲地向剛回到家的女兒，數落起依卡的種種不是。除了頻繁滑手機，讓周媽媽感覺不受尊重，夜半通訊影響她的睡眠品質，依卡事事搶快的生活步調，更讓她無法喘息。

周媽媽講得激動，淚水禁不住奪眶而出，開始泣訴自己的晚景淒涼，無人聞問。女兒連忙送上一個大擁抱，柔聲安慰，一旁的女婿隔天立即撥電話給人力仲介，看能否盡快換位看護。

然而，外籍看護不是說換就能換，仲介公司早就提醒過的。這點不僅女兒與女婿很清楚，周媽媽一樣心知肚明。讓周媽媽鬱悶不解的是，女兒與女婿屢次稱讚依卡是看護名單裡，最合適的優秀人選，為什麼自己實際相處起來，如此困難？

好不容易，依卡同意轉換僱主，仲介公司也幫她找到新的工作。再由周媽媽女兒，不厭其煩地溝通母親的實際需求，與仲介反覆討論人選，還透過視訊面試，花了許多時間，總算是順利媒合了另一位外籍看護亞蒂。而明天，就要換亞蒂照顧周媽媽了。

但周媽媽這一夜仍是輾轉反側，不能成眠。一方面，新來的亞蒂能否勝任還是個未知數，與依卡磨合的痛苦教訓仍記憶猶新；另一方面，當初申請看護已麻煩過女婿一回，這次換人更折騰了女兒好些時日。

周媽媽心裡過意不去，卻忍不住想：「假如這次也不合適，我還能說不嗎？」

「如果新來的看護還是不合適，我又該怎麼辦呢？」

忙碌的工商社會，子女無法親自照顧家中長輩，已成常態。人口結構高齡化，社會整體勞動力下降，而傳統孝親觀念尚未真正接納長照機構。因此，在看護人力普遍不足，社福系統難以使力的情況下，台灣社會對外籍看護的依賴，自然日益加重。

自二〇一五年，勞動部大幅鬆綁八十五歲以上長者引進外籍家庭看護工的限制，至二〇一八年七月止，台灣已有超過二十五萬名來自各國的社福移工，他們走進台灣各個角落，給予家庭「喘息」的機會。

多數符合資格而聘用外籍看護的家庭，都會面臨「被照顧者」與「照顧者」

之間相處磨合的問題。尤其當家中長輩的身心狀態不是太差，仍擁有相當的自主意識，愈容易與外籍看護因為溝通不良、生活習慣差異等，在生活上產生衝突。

一般在聘用外籍家庭看護工的過程，聘僱者僅透過一紙個人履歷與大頭照，就必須決定人選，往往連面試的機會都沒有。聘用後如果不合適，只能通知仲介協助另覓對象，但過程又是曠日廢時。如果家中長輩屬於急需二十四小時看護的狀況，最後大多只能勉強接受，而犧牲了照護的品質。

聘用外籍看護，語言不通造成的溝通障礙，往往是一道難以跨越的鴻溝，甚至可能引發「照顧者」與「被照顧者」之間的誤會衝突。像故事中的周媽媽，女兒、女婿無法親自照顧，只得尋求引進外籍看護協助，反而衍生許多問題。周媽媽無法適應看護的照護方式，身心飽受折磨，想要更換看護，卻又擔心是另一場惡夢的開始？

此時，如果有第三方專業團隊居中管理協調，就容易有比較好的結果。以一個具備完善服務的中高齡共居社區為例，住戶在行動自如、生活能自理時入住，隨著時間流逝而年事漸高，萬一有一天身體狀況需要聘請看護輔助生活，過程雖然仍與一般申請外籍家庭看護工無異，但磨合期間多了專業團隊居中溝通及協助管理，「被照顧者」若有狀況，均可隨時向專人反應協助。此外，中高齡共居社區還可以提供看護完整的教育訓練、合理的工作環境，能夠有效減輕「被照顧者」與「照顧者」磨合期的壓力。

年紀大了，也能出門旅遊趴趴走？

為了撐起這個家，夫妻倆的生活就像上緊發條的鬧鐘，每天緊湊而規律，成日埋首苦幹，少有機會抬起頭看看世界的美好……

楊伯伯在公路局服務到十多年前退休。年輕時，他忙賺錢，太太忙四個小孩，夫妻倆用盡全力才撐起家庭。退休後，經濟仍不寬裕，雖然心中總盼著要出國看看世界，但一想到費用問題，就怎麼樣也下不了決心。

二兒子阿翰進入旅行社工作了數年，成長不少，累積許多帶團經驗。公司今年分紅不錯，每人都有一筆歐洲旅遊的補助費用，因此他想為一生節儉、沒機會出國的爸媽規劃一趟魅力十足的歐洲十日自由行，預計從台北直飛巴黎，帶爸媽從香榭麗舍大道玩到塞納河畔，再坐齒軌列車登上少女峰巔，搭紅白相間的白朗峰列車暢遊山林。

阿翰想讓爸媽圓夢，夫妻倆心中很感動。雖然滿心期待，卻也擔心自己的身體不勝負荷。楊伯伯有高血壓，上高山怕有高山症，加上還要長時間搭飛機……，兩老其實都沒有把握。

阿翰不想讓爸媽失望，拍胸脯保證，一定會帶著他們快樂出門、平安回家。但其實阿翰也不是沒有顧慮，雖然他帶過許多客人，但從來還沒有帶高齡者旅行的經驗，這的確是個全新的挑戰。

他明白這次旅行跟以往全然不同，爸媽年事已高，平日身體雖然沒有大毛病，但體力已經不比年輕人，不能安排隨興、冒險、緊湊的行程，可能還必須規劃更多的備用方案，以便因應突發狀況。

為了帶給爸媽愉悅的旅遊體驗，阿翰努力設想旅程中一切可能發生的狀況。到底屬於銀髮族的旅遊行程，有哪些事項需要特別注意？出發前該做些什麼準備？……阿翰正用心地為爸媽規劃一趟難忘的歐洲之旅！

歐洲旅行醫學會所提倡的「三大健康」理論，指出旅遊有助於身體、精神與靈魂的健康。話雖如此，長者因年事已高，體力下降，未經仔細評估就貿然出國旅遊，很可能發生身心疲憊，敗興而歸的窘境，實在不可不慎。

時下針對高齡者規劃的旅遊商品五花八門，必須全盤考量，從中挑選合適自己的行程，是享受優質旅遊的重要關鍵。長者出國旅遊，最好要有熟悉其身心狀況的家人同行，除了有助身心安定，萬一旅程中遇到突發狀況，也能協助做出正確且迅速的判斷與處置。

故事中，阿翰準備帶父母前往歐洲自由行，怎麼配合父母的體力和身心健康狀況，規劃一個輕鬆、彈性又擁有愉快感受的行程，需要注意的細節其實很多。

首先，長者體力不比年輕人，往往不耐長時間等候，務必在行前做足功課，蒐集完整清楚的旅遊資訊，才能有效減少突發變數及等待時間，降低長者在旅程中的體力耗損。其他諸如合宜的季節、良好的治安、現代化及衛生良好的景點、便利的大眾運輸、完善無障礙的設施、即時又高品質的醫療資源……，在在都有利於各種狀況的應變。

而舒適的住宿環境，有助於克服時差，且務必備妥日常固定服用的藥物，做好萬全準備。旅程中注意水分的補充與食物的安全衛生，避免因為飲食差異，引發腸胃不適，壞了旅遊興致。

出國發掘世界的美好，必然有驚奇的收穫，但台灣素有寶島之稱，旅遊資源亦相當豐富，為銀髮族規劃國內旅遊行程，不失為兼顧旅遊品質與長者體力的優良選擇。

提供完善服務的中高齡共居社區，為了維護長者的身心靈健康，也會時常為長者規劃旅遊活動。根據潤福的經驗，又會特別注意哪些細節呢？

為長者安排旅遊，出發之前，除了由社區製作旅遊用品清單，提供給長者參考準備行李之外，還必須事先派員到預定的景點勘查，從步道的坡度、廁所的位置、無障礙設施的完整度，到輔具、急救設備等資源，都必須反覆確認，畢竟熟悉環境的確有助應變的速度。

在接駁車輛的安排上，除了考慮司機的開車習慣、長者上下車的難易度，還要提供足夠的乘坐空間與舒適的座椅；景點與景點間的距離，盡量以一小時為限，避免長途拉車，如果無法避免，也要事先考慮休息站的位置，別讓長者因長時間坐車感到不適。

最重要的，長者希望的絕非走馬看花的行程，搭配景點解說員提供豐富有內涵的講解，來一趟深度之旅，才符合他們對旅行的期待。另外，也別忘了安排適當採購紀念品的行程，讓長者入寶山而空手而歸，可是會讓他們感覺失落喔！

阿翰是專業的領隊人員，相關經驗肯定不少，只要記得從長者的角度思考，再參考以上整理的重點，相信要為爸媽安排一趟專屬的優質旅程，帶給自己和爸媽愉快美好的回憶，絕非難事。

第六章

老來一起作伴

他退休了，那我呢？

「乖，別哭了！阿嬤泡奶給你喝喔。」這是她退休後最常講的一句話。旁人認為是含飴弄孫的幸福模樣，她卻怎麼樣都開心不起來。

陳太太退休前是個職業婦女，每天上班打拚事業，下班照顧家庭，雖然日子過得忙碌疲憊，但總算是把家庭照顧得幸福和樂，雖然要身兼數職，但心中感覺幸福。最快樂的日子莫過於退休前那幾年，子女都長大成人，各自為了自己的前途在努力，夫妻倆趁著週休二日，便與朋友四處旅遊，還一起培養了一些興趣，準備退休後時間多了，可以一圓年輕時的夢想。

沒料到和先生陸續退休後，狀況跟當初想像的完全不同。兒子婚後生了孩子，擔心外面的保母照顧不好，想到媽媽退休賦閒在家，便商請白天幫忙照顧。

當時陳太太顯得有點猶豫，畢竟年紀也大了，體力已不如前，何況白天若充當保母，那原本的退休計畫不就全部泡湯了！倒是先生想都不想，便一口答應了，還對陳太太說：「以後我們兩個每天都可以含飴弄孫了。」

從此，陳太太完全回歸到家庭，不止要打點先生的生活起居，還有一個小孫女要照顧。家中多了一個小孫女，生活變得忙碌不少。小娃娃開心時，先生就抱著玩；一哭鬧了，就丟給陳太太。不到兩個月，先生一下說與朋友相約打高爾夫，一下說要去學品酒，回到家就像老太爺似的，茶來伸手飯來張口。眼看先生過著精彩的退休生活，自己卻忙著照顧孫女、打理家務，片刻不得閒。先生只會丟下一句：「照顧小孩還是女人比較行。又不是別人家的小孩，不幫忙照顧行嗎？」然後就逕自出門去了！

陳太太心想：「先生退休了，那我呢？現在的我過得跟退休前一樣忙碌，原來我只是從職場退休了，卻還沒能從家庭主婦的位置退休。這個家庭主婦的工作還要做多久呢？該不會永遠沒有退休的一天吧？」

在職場工作了幾十年，退休後卻變成這樣？陳太太不僅失去職場要角的光環，每天還有做不完的家事，還有人要服侍。想到這裡，她不禁深深嘆了一口氣……

現代人每天都在跟時間賽跑，除了工作繁忙，還要承受各式各樣的壓力，總盼著趕快把孩子們拉拔長大，自己也存夠一筆老本，退休後趁著體力活力還足夠時，去完成年輕時沒能完成的夢想。

不少職業婦女，在退休離開職場後，就像案例故事中的陳太太一樣，被迫把生活重心擺回家中，往往是先生真的退休了，太太卻是退而不休，生活與原本的夢想背道而馳，反而換來滿滿的失落。

以前說「男主外，女主內」，隨著時代變遷，許多女性投入職場，男還是主外，但女性變成要主內又要主外，雖然過著現代的生活，仍有傳統的包袱扛在肩上，這就是導致男女退休命運大不同的主要原因。難道沒有方法可以跳脫這種傳統觀念的制約嗎？

其實，幫忙兒女照顧小孩這件事，長者真的必須量力而為，畢竟體力不若年輕時，不見得可以照顧得比專業保母好。也由於幫忙照顧孫子孫女，子女相對感覺放心，可能忘卻自己身為父母的責任，「我今天要加班」、「我今晚有聚會」、「我們夫妻倆想出國玩幾天」……，結果長者公親變事主，自己的退休生活變得忙碌不堪。

根據潤福的經驗，有長者將現住的一般住宅出售，除了支付入住共居住宅的費用，多餘金錢則按月給予兒女實質的資助，減輕其負擔，兒孫可於假日前來陪陪長輩。偶爾子女有國外出差或旅遊的需求，也可以短暫幾天送（外）孫子、孫女來請爺爺奶奶或外公外婆照顧，一舉數得。

如此一來，年幼孫兒能得到專業的妥善照顧，又可以適時提供兒子媳婦、女兒女婿必要的支持，更重要的是長輩能夠保有自己的生活。在共居住宅的長輩，除了擁有豐富的社交活動，也因完整的服務而有餘裕擬定自己的退休計畫，重拾年輕時無暇接觸的興趣，安排退休後充實的節目表，創造完美無憾的人生。

其實，每個人的人生都不同，並沒有誰的比較好、誰的比較不好，無論做什麼選擇，只要活得精彩無憾，人生之路並沒有公式可循。每個階段都有其意義，就像看似沉重的育孫任務，卻可能是某些人「甜蜜的負擔」。許多人年輕時忙孩子、年老時忙孫子，雖然忙碌，但只要忙得愉快而安心，就是最好的選擇。

老伴的身心需求跟你一樣嗎？

像要彌補某些遺憾似的，高媽媽自退休後，嘗試了許多新事物。譬如，她準備履歷，鼓足勇氣到速食店面試，笑說要拓展她的「事業第二春」。店經理面有難色地婉拒了她，但她不氣餒，又應徵大樓管理員，卻因管委會經常刁難她，又任意增加工作量，於是高媽媽便辭職了。之後她接受姊妹淘的邀約，一起到餐廳端盤子。

此外，高媽媽也參加社區老人課程，組團定期表演，私底下她還到合唱班老師家「補習」，精進歌藝。高媽媽的女兒總挖苦她，一個星期賺的不過抵兩小時音樂課。可是高媽媽樂在其中，因為餐廳的「臨時工」，除了給她和姊妹淘經常見面、接觸人群的機會，還有零用錢供她學才藝，不是一舉數得嗎？

不同於高媽媽的生活安排，高爸爸早屆齡退休，依舊熱衷工作。

高爸爸原是藥劑師，但他認為經商較有發展，青壯年時轉為藥用等級保養品代理商，專做皮膚科診所生意。高爸爸的業務性格就此得到充分開發，與人談起自家產品成分與功效，總是興致高昂。

儘管高爸爸身體已不再年輕強健，或許是高爸爸事業心強，不知老之已至，習慣的忙碌生活很難有什麼改變。要不是兩個女兒出嫁後，「強迫」他升格阿公，每星期笑盈盈地擠出一點空檔看外孫，高爸爸肯定繼續埋首進出貨，拜訪診所。

事實上高媽媽的祕密，即她的「工讀」與「學唱歌」，迄今還瞞著高爸爸。

高媽媽說，高爸爸脾氣愈老愈硬，也變得很愛管她。每回高媽媽出門，都得萬般確認她家「老爺子」行程滿檔，餐飲無虞，再以陪親戚看診或逛街為由，溜向她精心規劃的退休人生。

高媽媽笑說：「這是以萬變應不變，我知道老爺子愈來愈需要我陪，即便他嘴硬，到老都是飯來張口、茶來伸手。」

「但我再不學我最愛的歌唱，這輩子還有什麼機會呢？」

年老伴隨而來的身心需求，存在著性別差異。

一份關於台灣人老化經驗的研究指出，老化經驗不但具有獨特意義，影響著我們對於老年生活的調適，更有性別的差異化表現。像是男性的老化經驗，多表現在由女性伴侶照顧生活、經濟無憂、生活保健等需求上。反觀女性，更多放在學習與社交活動、肯定自身價值、關注身體的失能與衰退等面向。

這個性別差異有其特定的社會因素。

譬如，傳統社會「男主外，女主內」的性別框架，常使女性無論已婚與否、工作與否，相較於男性，會負擔更多的家庭勞動。因此，當老化加重身體的負荷，長期操持家務的女性，較男性更容易發生關節炎、骨刺等病變。

此外，也有研究指出台灣社會的「性別階層化」，導致女性生命歷程有較大限制，以及較少的資源機會。至於女性較長的預期壽命，也使多數女性在老年擁有較差的健康與生活品質。

以本文的故事為例，高爸爸一輩子拚事業的業務性格，可能隱藏男性在老化後，對於經濟基礎的高度憂慮。至於高爸爸對高媽媽的「嚴加管控」，或許也因為老年男性對伴侶，無論生活或心理層面，通常會有愈來愈強的依賴。

進一步說，許多男性夙夜匪懈、「退而不休」的生活模式，會不會一方面是維持身心活躍的原動力，另一方面也可能是導致老年男性身心壓力難以舒緩，以致誘發心血管疾病的潛在因子？雖然老化狀況因人各異，但認知個人身心健康，避免過於沉重的負擔，以漸進方式退出職場，或者減少工作量，在符合熟齡者體能的情況下，繼續對社會有所貢獻，都是值得參考的做法。

相較於高爸爸，高媽媽不僅察覺到老伴不同以往的身心需求，體貼地「聲東擊西」，避免小事引發夫妻的衝突，讓高爸爸可以放心依賴。

尤其是高媽媽也積極回應自己的「老年」，樂活當下。像是揪團（合唱團）表演、學才藝、姊妹淘一起打零工等，都讓人感覺到高媽媽正在積極開創一個不留遺憾的未來。

等一個陌生人喝咖啡？

許阿嬤獨居在市區一棟舊公寓四樓。

她的菜籃車，藏在一樓樓梯下的陰暗處。由於沒有電梯，她經常要將滿載蔬果的推車，一階一階使勁往上提，像隻蝸牛拖著她笨重的家當。偶爾鄰居孩子懂事，會幫她一把，但大多數時候她得靠自己。

也因為如此，許阿嬤出一趟門，常得哭過才能振作精神。很多時候乾脆足不出戶，用電鍋煮個稀飯，配點醬瓜、菜湯，也就是一天。

許阿嬤沒有說話對象，寂寞不能排遣，只好養了一隻貓，一隻兔子。看電視時，她會趁著廣告把貓或兔子抱起，說些連續劇角色的壞話。牠們自然似懂非懂，僅僅溫馴地讓阿嬤攬在懷裡。

而許阿嬤的家門口永遠半闔。原來，她擔心兩位「家眷」關久會悶。舊公寓進出單純，一樓有鐵門也不致走失，索性讓牠們隨興到外頭活動伸展。

但當樓梯間飄散起化不開的尿騷味時，這個習慣終於引來鄰居反彈。

可是，許阿嬤依舊捨不得寵物關在家裡，便答應包辦公寓樓梯的清潔工作。之後每個月總有一兩天，許阿嬤搖晃著水桶，駝著背，汗流浹背地揮舞一支瘦長長的塑膠刷，清洗著樓梯。儘管那味道其實還有，但鄰居看在眼底，也不便再說什麼。

許阿嬤就這麼咬牙硬撐，今天卻再也隱忍不住。她撥打了一一〇，央求警察派人到她家一趟，「因為我冷氣關不起來，我關不起來……」。

接獲電話的警察，原以為是失智老人家烏龍報案。仔細詢問，許阿嬤神智清醒，語言正常，唯獨聲音聽起來焦急萬分。為避免意外發生，警局隨即聯絡兩位巡邏員警，前往許阿嬤家關心。

張姓女警上樓後，才發現許阿嬤是典型獨居老人，領有殘障手冊，因眼球黃斑部病變尚未就醫，看不見冷氣開關按鈕。女警邊安撫她，邊輕聲詢問怎麼不與孩子聯繫？沒想到，阿嬤突然哽咽：「他們住在美國，跟我好像是陌生人。」

「很謝謝你們來幫忙關冷氣，也可以陪我聊一下天嗎？」

根據內政部統計，二〇一八年三月台灣六十五歲以上老年人口約三百三十一萬人，占總人口數十四．五％，台灣正式邁入聯合國定義的「高齡社會」。根據衛福部二〇一三年老人狀況調查的結果推估，目前台灣的獨居老人可能有三十六萬人（十一．一％）；僅夫妻同居者，可能多達六十八萬人（二十．六％）。換言之，台灣社會可能有超過一百萬個老年人，晚年生活得靠自己或伴侶。

而且預計狀況將逐漸惡化，如果年長者自己或伴侶的身體、心理出現突發狀況呢？如果應付日常生活，也愈來愈困難呢？那時還能依賴誰？

以台灣現行的社會福利而言，各縣市對於列冊需關懷的獨居老人，提供服務項目包括：電話問安、關懷訪視、居家服務、餐飲服務與陪同就醫等。而視失能、失智的情況，則主要提供居家、社區或機構式服務。

當然也有些理念，正在倡議。譬如建立社區照護體系，設立「社區役」與「社區志工」、提供老人義務教育等。或者「寄宿養老」，活化大學資源實踐終身學習，開創長照新格局。又或者「老人共居」、「青銀共居」等。

然而，老人照護有些根本問題必須正視，好比獨居老人的憂鬱問題。

以案例中的許阿嬤而言，基本能自理生活，卻沒意識到居住環境的風險，隨著身體老化節節攀升，或者有意識到，但無力面對。至於獨居的心理壓力，寵物陪伴的確是緩解辦法之一，不過也別輕忽了飼養寵物的代價，有可能增加年長者身心的負擔（例如與鄰居的摩擦、樓梯清潔等）。兩相抵銷，壓力來源不過是轉化，不見得能有效處理或釋放。

尤有甚者，當許阿嬤眼疾加劇，生活瑣細都成為難以跨越的障礙，走投無路之下，只好求助警察，但警消體系並非支持老年照護的正常途徑。因此，在可推想的將來，社會上的獨居老人勢必增加，應當及早思考有什麼可以未雨綢繆的方案？

獨居老人的悲劇已屢見不鮮。每則令人鼻酸心疼的新聞背後，都是不加改編的真人真事。每個家庭的狀況，實非外人所能妄加推斷，但人們難道願意這事發生在自己身上嗎？

這答案是清楚的，任誰都不願意孤老無依。

看盡人生百態，還需要學習自我保護？

管理一間中高齡社區的黃副總，最近很擔心一位剛搬進來的新住戶——姚媽。姚媽是在先生辭世後搬進來的。當初選擇這裡，就為了環境清幽，凡事有照應，讓她可把餘生氣力，放在兩件事上。

一是處理先夫的遺作與舊宅，二是撰寫自己的回憶錄。

原來，姚媽與她的先生都是知名畫家。姚媽擅長水墨，先生則專攻膠彩，兩人鶼鰈情深又勤於創作，向來是藝壇佳話。

但說到他們的愛情故事，還真有點宿命的緣分。

兩人幼年戰亂，都在重慶郊區，斷斷續續讀過小學。姚媽高他先生一屆，但彼此不熟識，稍有印象罷了。爾後又都隨國民政府來台，在極艱困條件下，各自讀了不同初中、高中。沒料到兩人在上大學前偶遇、相認，到彼此欣賞，而在藝術的道路上，互許終身。

身為藝術家，自然有其前衛處，比如姚媽自稱「非典型頂客族」。所謂頂客族，即雙薪無子女。所謂非典型，即他們並非不願意生，而是「年輕時只顧著創作，忙到都忘了生。」姚媽這麼笑說。

或許是這緣故，姚媽原預計一退休便搬入中高齡社區，這在二十年前台灣，可說是非常「時髦」的老後規劃。姚媽當時幾乎就預見了未來，相互依靠的雙人床，無論空出誰的位子，都會變得太寬闊。

不如及早建立新的生活圈，為彼此的晚年，撐起一張夠強大的保護傘。無奈先生先是罹患癌症，被迫摘除一側腎臟，另一側腎臟又因功能衰竭必須長期洗腎。姚媽所有人生計畫都變了調，除了醫院住家來回奔波，日常生活也常有無暇顧及的情況。直到先生辭世，姚媽才有心力，回過頭為自己的晚年盤算。

之後，搬入中高齡社區的日子果如預期理想，但沒想到還是會有問題找上門。

姚媽在大陸的姪子，這個月突然頻繁拜訪，不僅對住宅區的服務挑剔得一文不值，更多次提議姨丈的事，儘管交給他們處理，勸姚媽趕緊搬回老家由他們奉養吧！舉目無親的姚媽不勝其擾，只好循往例，詢問社區黃副總：「我該怎麼辦？他們是我在這個世界上僅存的親人，但……」

「他們催得這麼急，我怎麼靜下心寫我的回憶錄？」

天有不測風雲，「風險控管」的概念在現代社會，顯得稀鬆平常。譬如，我們可以透過購買保險，來保障個人福祉。像是意外險、壽險，乃至台灣傲視國際社會的全民健康醫療保險等，已是一位嬰兒「出廠」的基本配備。隨著年紀增長踏入職場，除了勞保、公保這類社會保險，儲蓄險、年金險也成為這個微利時代，對抗通膨風險的一種理財手段。

但人生總有保險產品不足以應付的時候，遇到這種情況又該怎麼辦？

至少要懂得自我保護。尤其對於中高齡長者而言，不倚老賣老，以開闊胸襟學習各種自我保護的方法，與時俱進，亦是年長者在「風險控管」的一種表現。

好比定期健檢、追蹤服務等社會福利資源，即應積極把握，以降低伴隨老化提升的健康風險。另外，中高齡社區、老人公寓、安養機構、長照機構等居住系統，也不妨充分認識其功能價值與入住條件，以提前規劃自己老後生活，未雨綢繆，主動預防老化導致生活應變上的種種不足。

以姚媽的故事為例，或許他們需要更早進行老後規劃，否則當危機發生，只能且戰且走，眼睜睜看生活被病痛點滴侵蝕、折騰，再無心思去尋求一個適合養老的生活模式。進一步說，這也是為什麼有些中高齡共居社區，將居住門檻降低至五十或五十五歲的主因。

除此之外，親人的「情感勒索」與「擔保」也可能隱藏著風險。幸賴表面似是姚媽獨力處理，實則不然。由於中高齡共居社區提供照護服務，通常都有專人負責，案例中的黃副總，即是姚媽隨時可閒聊心事、諮詢意見的「良伴」。

而一個營運成功的中高齡共居社區，愈是需要一支「武藝高超」的服務團隊，不僅懂得老人心態、嫻熟老人事務，還樂意協助老人危機處理、給予理性建議。

唯有如此，一張足以寄託晚年的「保護傘」，才真正得以成形。

銀髮族沒有社交，只能顧人怨？

吳太太每天都坐在沙發上看連續劇，像今天就已經看了五個小時。有時，她一追起劇來，更是沒完沒了，一天甚至可以看超過八個小時。

「阿嬤，我要看的《救援小英雄波力》現在要播了……」四歲的小凱睜大雙眼，帶著懇求的神情看著她。「哦，好、好！阿嬤現在就給你看波力，好不好？」她有些艱難地離開沙發。

「真的嗎？謝謝阿嬤！」小凱笑逐顏開。

沒了電視，吳太太就不知道該做些什麼來打發時間了。她向來沒什麼朋友，親戚之間也很少往來。她在家裡走進走出，無所事事，便探頭向房間裡問：「晚餐呢？還不可以吃飯嗎？」

「媽，還沒好，現在才四點半呢！我等一下就去……」曉真正在和閨密講電話，被突如其來的詢問嚇了一跳。

「手腳怎麼那麼慢，還藉口這麼多！快點做，我肚子很餓了！」

曉真無奈地回說：「好，馬上來！媽，您先休息一下，我煮好了就叫您吃飯。」

「我就想站在這裡，是嫌我老東西礙手礙腳了？想當年我也是一邊侍奉公婆，一邊把德陽和小妹兩個人拉拔到這麼大，現在吃個飯還要等你高興做再做呀？……」

曉真連忙說：「不是啦，媽，您想太多了！您想要在這裡就在這裡吧！我趕快去煮飯，等我一下喔！」

「現在，你們都覺得我老了、沒用了，是不是？就算你們沒有這麼說，心裡也一定是這麼想。反正，我就是老骨頭了，時間不多了……」她聲音有點顫抖，愈講愈傷心。

「媽，您在說什麼啦！您身體那麼健康，怎麼會沒有時間了呢？您會長命百歲的。」曉真無奈地打開水龍頭，大聲地洗著米，掩蓋婆婆嘮叨的聲音。

四年前，為了照顧年紀大的婆婆及年幼的孩子，曉真退出職場，回歸家庭。但每天與挑剔的婆婆相處，實在快透不過氣了。她想起小姑曾勸婆婆參加社區活動，多交一些朋友、學點東西打發時間，就問道：「媽，小妹提到的那個社交舞的課，您上次說不喜歡，我聽說下個月會開免費教人使用平板電腦的課，還有教怎樣修圖、做影片，我們一起報名上看看好不好？」

「這麼麻煩……不去不去！你們成天就想把我趕出去，不讓我在家裡妨礙你們是不是？」說著，婆婆忽然停頓下來：「你還不快點去看你熱的那鍋菜，要煮焦了才給我吃嗎？」

曉真微微苦笑，趕忙掀起鍋蓋。心想整日面對這脾氣壞、又情緒低落的老人家，自己到底還能撐多久？

不少婦女一輩子把生活重心放在家中，憧憬著三代同堂就是幸福終老的保證。但每一個世代都因為成長的時空背景不同，而有不同的生活方式與價值觀，如果三代同堂生活在一起，難免會提高彼此關係的風險。

長輩的觀念與生活方式是日積月累而成，要改變談何容易。如果在中年時期就開始引導他們培養一些興趣，接觸社團活動，慢慢學習安排家庭生活以外的事務，通常會比賦閒在家多年後才要引導他們走出去來得容易。

這幾年，政府推動了一些「共享生活」的模式，例如社區大學、老人共餐、銀髮俱樂部、青銀共居……，都是很好的做法，鼓勵年長者走出封閉的生活圈，接觸社會，擁有社交活動，的確有助於老後身心健康的維持。但是根據經驗，想要邀請長者走出住家到社區據點參與活動，往往需要費一番功夫。

原因可能就像案例故事中的吳太太一樣，長年來生活重心都在家庭，出門與人互動也許會有不安全感，與其參與社區活動，她寧可待在家中當一個四處挑毛病的指揮官。

相較之下，從退休就移居到共居社區的長輩，不需要出門就有共享生活，隨時擁有與人互動的機會。那這是如何規劃的呢？

以潤福中高齡專用住宅為例，在空間的設計上，便是從共享的角度出發！對於家庭的居家空間進行拆解，讓互動與隱私各得其所。想熱鬧、與人互動時，電梯一搭來到大廳，就可以看報聊天、參與課程；希望獨處時，搭電梯上樓回家，看書、看電視，魚與熊掌可以兼得。

吃飯也是相同的情況，可以在樓上家中安靜地用餐，也可以搭電梯下樓到餐廳，與人互動，共享餐點。這就是由共享空間出發所營造出的共享生活。雖然住戶之間不見得有親友關係，但透過潤福所提供各生活層面的服務與引導，在這裡共同組成了一個創新的中高齡大家庭。

老後共居有社交門檻嗎？

蔡伯伯屆退時，官拜陸軍中將，他常說：「我統領過千軍萬馬，但就是搞不定我家裡那位老太太。」為了耳根清淨，他選擇一個人移居中高齡社區。

他從不愛張揚，社區裡也只有少數人知情。然而幾次一樓大廳會客，以前的部屬見了蔡伯伯，左一句中將好，右一句中將好，「中將」這枚勳章也就讓幾位舊同袍，特地從軍營「頒」了過來。

後來，連掃地的阿姨看到蔡伯伯都馬上立正敬禮。

蔡伯伯常求饒：「退了，就是普通老百姓。」對於名聲地位，蔡伯伯看得很淡，「月退俸還記得我的軍階，就好。」他偶爾這麼自我解嘲。

蔡伯伯喜歡獨處，日子過得低調簡樸，與其他住戶保持點距離感，平常不太能察覺他情緒的起伏波瀾，直到楊伯伯搬進來。

楊伯伯風流倜儻，事業成功，一向有強烈的優越感。據說年輕時，他不僅開工廠，從事進出口貿易，還曾經出資拍電影、蓋戲院，退休後仍經營馬場、組織遊艇俱樂部。總之，楊伯伯精力旺盛，對人自然是熱情洋溢。

也許是楊伯伯太過熱情了，讓蔡伯伯略有微詞。

蔡伯伯最看不慣楊伯伯每回用餐，都會沿桌主動問候，一副閱兵點將的姿態。每當楊伯伯走來他這一桌，蔡伯伯總流露出尷尬的表情，舉到半空的菜餚，送入口也不是，放回餐盤也不是。

沒多久蔡伯伯就從尷尬轉而微慍，終於怒火中燒。那天楊伯伯還沒啟齒，蔡伯伯便衝著他發飆。楊伯伯當下倍覺無辜，又不甘示弱，兩位老人家就在眾目睽睽下吵起架來，驚得在餐廳的值班人員，紛紛趕來勸架。

這事著實讓住宅區的服務團隊，費盡脣舌又傷透腦筋。根據長年陪伴長者的服務經驗，他們很清楚楊伯伯沒有惡意，蔡伯伯也不是刻意找碴。因此，必須很謹慎地居間斡旋，若有處理不當，是會傷害兩位長輩的。

「問題不是誰對誰錯，」當時負責安撫蔡伯伯情緒的張副總，回想起來不免苦笑，「重點是讓蔡伯伯知道，我們會守護他的尊嚴。」

「畢竟，他們都是我們的阿公啊。」

訴求優質的老後生活，「共居」是一個值得參考的選項。

目前老後共居的具體形式，或可粗略分為兩種：一種較為傳統，是以醫療長照為主的安養機構類；二是相對「時髦」，以生活服務為主的中高齡住宅、養生村、老人公寓這類。兩者著重的方向不同，大致上為台灣目前老後共居的主流形式。

至於老後共居並非沒有門檻。共居門檻包括年齡限制，譬如五十歲、五十五歲，甚至六十五歲以上方能入住。又或者是健康狀態，譬如生活能夠自理者、無法定傳染疾病者等。此外，也有族群限制如榮民之家，或是財力限制，如住戶需繳交一定額押租金等，不一而足。

可以預期的是，「共居」既非獨居，自然不是「我說了算」。老後共居，通常意味中高齡住戶得重新適應一個陌生的社交圈、生活環境，甚至是生活型態。

因此，住戶自己能否適應共居生活，也是老後共居的一個隱形門檻。如何跨越這個隱形門檻，說難不難，說簡單也不簡單。

以案例故事來說，蔡伯伯與楊伯伯對環境的適應力，理應是同代間屬於良好的。一位是功勛彪炳的陸軍中將，一位是呼風喚雨的實業家，兩位都是身經百戰，且四海為家的社會賢達。分別來看，老後共居不太會造成什麼生活困擾。

但畢竟都有一定的年紀，背後的包袱只怕愈來愈多。蔡伯伯與楊伯伯的衝突，某方面揭示愈成功的人士，愈不容易放下身段；另方面則說明「包容」與「體諒」的美德，或許是我們一輩子要修習的課題。試想，如果兩位長輩放下身段，蔡伯伯包容楊伯伯的熱情，楊伯伯體諒蔡伯伯的低調，爭吵怎麼會發生？

進一步說，為中高齡住戶建構老後共居平台，並維繫生活品質的服務團隊，在前述案例的積極作用，也是相當重要的。負責安撫情緒的張副總，實際上並不像扮演「和事佬」的局外人，而更像是朝夕共處的晚輩，細心守護自家長輩的尊嚴。誰不希望得到這麼貼心的照顧呢？

共居的好處何其多。不必擔心自己淪為「孤獨老人」，能夠安心過日子，還可以善用公共空間與團體活動，讓老後生活一樣精彩。試想老後能生活在一個「內建」健身房、閱覽室、棋牌室、交誼廳、書畫教室等公設的空間，以及一個經常「自動更新」知識講座、藝文表演，甚至趣味競賽的優質環境，所謂的「樂活」，應該就是日常了吧。

黃昏之戀，是幸福還是壓力？

坐在鋼琴前彈奏陳伯伯生前最愛聽的〈藍色多瑙河〉，回憶起兩人同遊多瑙河畔的點滴，陳媽媽不自覺地落下淚來，「曲子彈得再好，你也聽不到；想你再陪我走一回，也只能期盼來生了。」

為免觸景傷情，最後陳媽媽選擇離開與陳伯伯共同生活了四十年的老房子，搬進中高齡住宅居住。一方面轉換環境，另一方面這裡的生活比家中獨居精彩得多，二十四小時有人服務，感覺很安心。

陳媽媽是位音樂老師，閒暇時總會坐在鋼琴前彈奏幾首曲目，徜徉在音符的世界裡。入住中高齡住宅後，她仍然維持這個習慣，每天晚餐後，她會在二樓活動中心的鋼琴前自顧自地彈奏起來，許多住戶自然成了聽眾，坐在一旁沙發區欣賞免費音樂會，沉浸在悠揚的樂音之中。

聽眾裡有一位風流倜儻的老帥哥季伯伯，他是一位作家，在這裡居住多年，雖然年近九十，依舊挺拔，玉樹臨風之姿總是吸引眾人目光。季伯伯講話幽默逗趣，且寓意深遠，總能不失莊重地把一起聊天的住戶逗得哈哈大笑，是這裡的風雲人物。

兩年前，一起居住在這裡的季媽媽，因病離他而去，那份傷痛至今依然深深刻在心上，也賴這裡許多老朋友的支持，陪伴季伯伯度過生命低潮。而自從陳媽媽入住後，季伯伯臉上的笑容變多了，兩人經常聊在一起，或者漫步庭園間。

因為陳媽媽跟季媽媽一樣都是音樂老師，自然引起了季伯伯的關注，兩人講起話來十分投機。原本就風趣健談的季伯伯，也讓心情欠佳的陳媽媽重拾笑顏，每天下午坐在陽光灑落的大廳愉快交談，成了一天中最美好的時光。然而，此舉卻也引來其他住戶側目……

起初兩人並不以為意，不過是聊聊天，有什麼大不了的？但日子一久，繪聲繪影的謠言四起，季伯伯聽了生氣，陳媽媽更是滿腹委屈，難道熟齡男女之間就不能是好朋友嗎？好不容易找到一個人懂自己心中的痛，傷口正開始癒合，事情卻又變成這樣，讓人如何承受？

之後兩人只得盡量避嫌，把心中的情感收斂，遠遠看著對方健康快樂就是幸福，偶爾不顧旁人眼光寒暄兩句，夜深人靜透過電話互訴心跡，成了老年生活可以繼續的重要寄託！但彼此心中的缺憾，卻再難以撫平……

隨著時代變遷，對於黃昏之戀，世人接受的程度仍有差異。看在保守世代的眼裡，萬萬難以認同，當事人動輒得咎，必定承受極大壓力。

黃昏之戀通常會是一段唯美的愛情故事。來到人生的熟齡階段，血氣既衰，少了慾望的戀情，擁有更多真誠的心靈交流。此時，以情感陪伴彼此，互相依靠、療傷，互訴情衷……，純淨的愛的確令人神往，但最好不是發生在自己家人身上。

世人總有雙重標準，一位兩性作家曾在演講時詢問現場聽眾：「是否贊成黃昏之戀？」多數人都舉手贊成，作家繼續追問：「如果是自己的父母呢？」那麼贊成的人就不多了。其實每個人都有愛人與被愛的權利與自由，年長者也是，但如果率性地對子女或親友說：「那是我的事，你們無權干涉，我到這把年紀，也不用太在乎什麼傳統禮教。」恐怕也未免一廂情願，美事可能因此成為遺憾，畢竟在傳統觀念的制約下，隨之而來的壓力有可能超乎當事人想像。

再美的戀情也必須面對現實，尤其如果起心動念有了結婚的想法，有時會因為財產分配的考量或子女親友反對，而打退堂鼓。其實財產分配這件事並不難解決，透過婚前協議是可以讓準繼承人安心的；但如果子女親友的反對，是出於觀念上難以接受，就需要更多時間去溝通。子女有可能是下意識擔憂父母對自己的愛被奪走，或者顧慮他人的看法，又或者認為這是對自己父母另一方的不忠等等，各種原因都是沉重的障礙。

年長者有成熟的思想，也有情感的需求，特別在人生來到黃昏時分，親情的支持固然重要，伴侶的陪伴往往更為珍貴。尤其是歷經喪偶之痛的長輩，夜深人靜時的孤寂，又怎是子女親友能夠體會的呢？

其實黃昏之戀是可以形式不拘的。為人子女應設身處地為父母長輩著想，以開放的心情、尊重的態度，謹慎協助長者確認對方有無不良意圖。如果雙方沒有結婚的打算，免除了權利義務跟財產分配的問題，就沒有什麼好疑慮的。如果雙方要結婚，也可以妥善做好婚前協議，以避免日後紛爭。

人老了最害怕的就是寂寞，結婚往往並非黃昏之戀的主要目的，通常年長者只是很高興找到互相陪伴的人。子女應該敞開心胸想想，當自己帶著另一半認識父母，或準備步入禮堂時，父母是如何滿心歡喜地給予祝福！

當我們年老了，仍有愛人與被愛的權利，只要真心想在一起，一起開心生活，世代之間又何苦為難彼此呢？

第七章

活到老，學到老

如何營造世代共榮的終身學習環境？

二〇一六年，聽聞位於新竹香山的玄奘大學蓋了一間「雲來會館」，希望仿效美國大學連結退休社區（University Based Retirement Communities, UBRC）的做法，結合學校豐富的教學資源，讓中高齡者有機會可以直接住進大學，選修課程，一圓年輕時代的大學夢。

剛好潤福正在籌辦住戶春末夏初的旅遊行程，聽到這個消息也倍感興趣，而玄奘大學林副校長的父母親剛好也是潤福十多年的住戶，彼此熟識，所以就直接跟他聯繫，進一步了解目前會館的狀況，確認一切資源可以配合，便開始了玄奘銀髮書院第一屆學員的招生工作，對象當然就是潤福的住戶囉！

住戶們一聽到可以當大學生，還可以住宿在學校，紛紛表達參加意願，每個人都躍躍欲試，爭相報名。不過因為是試辦性質，只開放十五個名額，最後為求公平，還公開抽籤來確認最後的學員名單。

二○一六年五月九日，豔陽高照的好天氣，潤福一行十五名高齡平均八十的「大學生」，一大早風塵僕僕從淡水前往風城上學去了！來到玄奘大學，第一件事是分配學生宿舍，「老學員」們看到新落成的雲來會館裝修得美輪美奐，打開窗戶，遠可望海，近可觀湖，旅途的疲憊馬上一掃而空。

分配好房間，玄奘銀髮書院第一屆開學典禮由校長親自主持，典禮後由副校長帶領校園巡禮、簡介修業課程，一切比照大學新鮮人辦理，只不過學生換成了中高齡者，「老學員」感覺新奇有趣，連校園裡的年輕學子也感到無比新鮮。

第一天的午餐，潤福的住戶們享用的是國際餐旅暨管理學院帶來的鐵板燒大餐，年輕學子在會館內就有餐廳可以實習，廚師、服務人員都是學生，各個都把自己的工作做得有模有樣，而年長學員們也把自己吃遍大江南北的美食經驗分享，提點提點這些兒孫輩的學長姊。用餐氣氛除了有趣，還多了許多溫馨的感覺，充分體現青銀共享的美好。

下午安排宗教與文化學系的心靈養生課程，由釋昭慧院長進行養生講座及實作教學，緊接著由藝術與創意設計學系帶來手做金工飾品的課程，隔天還到影劇藝術學系認識攝影棚等各種設備，還請了時尚設計學系的老師來教學員們化妝，因為等一下要帶著專業的主播妝容進棚體驗當樂齡主播。

為期兩天的住宿學習，充分結合大學校園內豐富的教學資源，帶給潤福的長輩們豐富而精彩的學習之旅，每一位學員都滿載而歸，期待著下一梯次開課。

面對少子化與高齡化的趨勢，許多大學面臨轉型的壓力，少了莘莘學子的校園，浪費掉的是豐富的教學資源，但大學就一定是給年輕人讀的嗎？其實不然，參考國外的經驗，近年國內也努力在推廣終身學習，希望每個人都可以擁有讀大學的經驗。

根據統計，從二〇一〇年開始，台灣每年約有四十萬人退休，過去受限於家庭的經濟條件與教育制度，戰後嬰兒潮世代可以就讀大學的比例並不高，但其實許多人心中都有一個大學夢。

參考美國大學連結退休社區的案例，許多與大學比鄰，甚至是建構在大學校園中的退休社區，除了提供完善生活機能與服務，又與大學豐富的教學資源連結。除了讓退休的長者重回校園圓夢，滿足活到老學到老的願望，還活化了大學校園因為少子化所閒置的豐富教學資源，持續善盡大學的社會責任，一舉數得，的確可以是大學轉型的解決方案之一。

但目前國內大學連結退休社區的相關產品尚在摸索階段，若非十多年前林副校長看到自己的父母選擇從恆春搬到潤福，在潤福成功老化，他從此醉心於研究各種成功老化模式，並且看到美國許多大學連結退休社區的成功案例，進而在體制內推廣，促使玄奘大學成為國內第一個完成銀髮書院硬體建設的大學，甚至成為教育部高教創新轉型典範。

其實當年潤福在選址時，決定將社區建設在淡江大學運動場旁，除了希望共享校園的資源及良好環境外，也是希望建構一個青銀共享的環境，讓長輩無時無刻可以感受年輕學子的活力。

館方也時常與學校的教學資源或是學生社團合作，幫助長者與時俱進，達成終身學習的需求。例如與資訊系學生合作，為長者安排電腦、智慧型手機、平板電腦的一對一使用教學；提供學生社團優質演出環境，促成與長者交流互動機會等等，因為校園豐富的資源，彼此可以結合的面向其實非常廣泛。

更進一步的，像玄奘大學開發適合長者學習的教學方案，提供長者進入校園學習的機會，這除了有助於終身學習，更促成了世代共榮的契機。不止要讓長者的退休人生精彩，也讓年輕學子在青銀互動過程中「更認識老人」，進而懂得尊敬老人，甚至從而獲取人生智慧，懂得如何為自己安排人生。

陶藝、歌唱還是油畫？老了以後還學才藝？

李姊的藝術天分，讓她在整個中高齡社區算得上是個響噹噹的人物。

李姊國立藝專畢業，學過編劇，相貌端正，舉止優雅，年輕時旅居美國，還拍過廣告、演過話劇與電影。因此只要是提到「美」事，都會算上李姊一份。

而李姊的閨蜜陳媽媽，也是最近響應她的號召試住的「新鄰居」，總調侃李姊是「資深文藝少女」。李姊伶牙俐齒慣了，瞬間回擊，「不，我負責文藝少女，資深由你負責。」然後兩人對視噗哧一笑，彷彿又回到高中時期。

陳媽媽算是住宅區的「新生」，低李姊幾屆。李姊權當自己是閨蜜直屬學姊，鉅細靡遺地向她介紹四周環境、住宅區各種設施與服務，還包括人情世故、樂活訣竅等。

李姊尤其大力推薦住宅區籌辦的才藝活動，陶藝班、歌唱班、油畫班等，各個都辦得有聲有色。這自然歸功於住宅區的營運團隊。從才藝班初期，擘劃空間，進行問卷調查，確認住戶興趣需求，再邀請知名人士蒞臨，講授入門乃至進階課程；更重視住戶回饋，或增設相關設施，或舉辦成果展覽。此外，像是掛在大廳的一幅油畫，即出自李姊的手筆。

「這樣高品質的課程，不是隨意找得到，你就選幾個參加看看嘛！」李姊語氣篤定地推薦。但陳媽媽對於參加才藝班有些膽怯。一來年歲雖長，臉皮薄，深怕自己資質愚鈍又孤僻，融不進團體生活；二來不清楚才藝班收費，擔心增加額外開銷。

「你有比我孤僻嗎？」李姊不由得先虧自己一句，「何況有我陪你。就算你不讓我陪，一樓櫃檯的服務人員都很友善，你高興去找個帥哥美女聊聊也行。」李姊接著說：「至於收費，你別煩惱，這裡才藝活動多數免費。真有額外開銷，像是我的油畫想裱框，也會有人幫忙找最實惠的店家。」

「資深美女，學習不要有心理負擔，我是邀你來享受的喔。」

老了以後還學才藝？一般而言，學才藝像是為人父母者，費盡苦心與金錢為小孩添購的「裝備」，既能激發腦力、怡情養性，部分才藝，還能夠開發體能、強健體魄。但父母督促孩子學才藝背後，恐怕還有些現實原因，即今日工商社會的父母親或忙於家計，或所學有限，對於照顧孩子心有餘而力不足。

事實上，老人學才藝也有類似考量。首先，才藝課程不僅活化腦細胞，還有助釋放情緒，促進人際交流。換句話說，活得愈「創藝」，愈健康。是以許多中高齡住宅的基礎設備，都包含棋牌室、書畫教室、舞台等公共空間，以配合象棋、麻將、國畫、唱歌、戲劇等相關才藝課程。

再者，部分才藝課程需要全身運動。而運動，正是延緩老化的祕方。有的中高齡住宅，甚至專門為中高齡長者，設計運動類的才藝課程，比如肢體導引、養生慢舞、瑜珈教室等。學習這類才藝，可幫助紓解深層肌肉的緊繃，提升免疫力，以及訓練平衡感與重心使用，能有效預防跌倒。

至於親人為養家活口奔波，無暇陪伴長者，同樣是無可迴避的現實因素。

回到案例，李姊與她的閨蜜陳媽媽，剛好是兩種典型。李姊活潑外向，愛好藝術，積極善用住宅區的公共資源，更懂得呼朋引伴，創造適宜養老的社群條件。陳媽媽相對保守內向，顧忌多，對於新環境與新社群顯得「慢熟」許多。

當然陳媽媽的顧慮有其合理性。因為「老化」的意義，除了生理感官的衰退，也包括心理素質的各種變化。像是對群體生活的適應力減弱，卻更敏銳於人際互動，一點小摩擦可能也變得難以承受，主動或被動走向「孤老」。

此外「老化」也意味著勞動力降低，工作風險大幅攀升，進而被勞動市場邊緣化。在這種條件下，當然對生活開銷格外謹慎。倘若準備不很充分，譬如未提前做好老後資產規劃，一點風吹草動就帶來緊張與焦慮感，實屬情有可原。

即便如此，陳媽媽不也踏出了她的第一步？健康的老年心態，不也是表現在獨立自主、樂活學習的具體行為上？無論是陶藝班、歌唱班還是油畫班，覺得有意思就儘管試試。也唯有如此，才能充分體會人生無窮無盡的趣味啊。

老了以後還學才藝嗎？為什麼不？

如何運用科技，讓退休生活更便利？

何伯伯是位生活規律的退休公務人員，夫妻倆在中高齡住宅裡，是人人稱羨的智慧型夫妻檔。

何伯伯任職公路局科員時，公文、簽呈都是紙本化作業，直到退休後，才開始真正學習怎麼使用電腦。何伯伯常常對人說，萬事不怕難，連他這樣寫了一輩子公文的老公務人員，退休之後還是能享受科技帶來的便利。

說來也是要拜住進中高齡住宅之賜，夫妻倆在社區裡認識了一群同樣愛好爬山的同好，從三五成群，到現在每個月要出動一台遊覽車出遊，所有的接受報名、登記人數、辦理保險，都是由何伯伯夫妻一手包辦。起初是手寫記帳，後來感覺到每次重複繕寫的不便，便興起學習使用電腦的念頭。

眼看著櫃台裡的年輕小姐們，個個身手俐落，打字不含糊，何伯伯跟著她們學習，從簡單的注音輸入開始，進而也會使用文書軟體登錄資料存檔了。後來，何伯伯又覺得行前應該讓所有山友們了解路線及注意事項，於是又拉著櫃台小姐教他使用小畫家，用簡單的線條和記號，完成了每一次的路線圖。

贏得大伙讚美的何伯伯，信心大增，如今，夫妻聯手合作，何媽媽用EXCEL登記帳目，何伯伯則負責用LINE發送通知。何伯伯並結合智慧型手機功能，無論到哪都會拍照留存，再加上日期和文字，傳給兒女們分享，甚至還會在晚會表演中開臉書直播，讓遠在南部的小孫女也能替阿公、阿嬤加油。兒女們也經常能在臉書上看到爸媽豐富的生活紀錄，欣喜按讚。

這樣的退休生活，有了現代科技的輔助，讓何伯伯很得意，他常和朋友們說，「誰還說老年人是等吃、等睡、等死的『三等公民』呀，可就大錯特錯了！」

有人好奇問何伯伯：「下一步，還想學什麼呢？」何伯伯神祕地笑笑：「當然是剪輯我孫女的畢業影片囉！」

銀髮族和所有的人一樣，也需要被鼓勵、被重視。晚年的幸福感，來自於被肯定、被尊重，而何伯伯願意敞開心胸學習新事務，更是難能可貴。

在規劃完善的中高齡住宅，有許多專為銀髮族開設的課程，例如手機、平板的操作。同學間年齡相仿、程度相近，藉由團體的學習行為，老師的耐心教學，以及同學間的實作練習，學會使用智慧型手機，並利用社群軟體溝通聯絡，慢慢跟上社會的步調，時常聯絡朋友家人，老年生活絕不等於封閉的獨自生活。

說起來，何伯伯生在電腦並不發達的年代，退休前固然沒有機會接觸電腦，但因應時代的變遷，生活中有了使用動機後，無論學習電腦打字、電腦繪圖，甚至相片拼貼、影片剪輯，都可以藉由電腦、平板、手機完成，透過網路，讓生活圈的分享無遠弗屆，這樣的成就感絕不亞於年輕人喔。

與年輕人的學習一樣，銀髮族的學習也需要同伴。與同儕互相觀摩、彼此感染，都有助於學習這些原本陌生的科技工具，一回生、二回熟，加上有詢問的對象和管道，就不會再視 3C 產品為畏途了！

科技帶來的便利，就是要解決人類的問題，而使用對象本來就不限於何種年齡層，只是銀髮族的吸收能力和理解力較慢，加上礙於眼力和手指的靈活度，因此學習起來無法像「資訊原住民」般的兒童或青少年那樣快速。不過，從另一方面來說，銀髮族有的是時間，已經不需要朝九晚五的工作，反而有更大把的空閒時間來好好接觸、使用，倘若又是應用在自己有興趣的事物上，必然會得到極好的學習效果。

常見許多日本的老人社區，一起學習攝影、沖洗照片，並聯手開起攝影展。這樣活到老、學到老，讓自己的晚年生活增添許多美好回憶，不但彌補了年輕時無暇學習的遺憾，也讓自己的生活更加豐富而多采，更應驗了「學無止境」的道理呢！

得到支持與鼓勵，會不會更滿足？

張伯伯跟張媽媽夫妻倆，退休後成為藝術界的神鵰俠侶，一個愛攝影，一個愛畫畫。這些年，他們為了創作，走遍台灣每一寸土地，用心發掘屬於這塊土地的美好。

張伯伯跟張媽媽一起從職場退休，才一轉眼就過了五年。退休後，兩人的生活可精彩了，張伯伯從年輕時就對攝影充滿濃厚興趣，一直感嘆沒時間去學習。退休後馬上投資了一大堆攝影器材，還到社區大學進修攝影課，不止從不缺課，就連戶外實戰課程也每次必到，而且素材不限，風景、人文、晨昏、夜景、生態、人像……他通通都有興趣，拍得不亦樂乎，最近還為了學習修圖，採購新電腦，報名參加 Photoshop 課程。

而張媽媽也不遑多讓，她從小就喜歡畫圖，但讀的是會計，加上工作繁忙，也沒機會去學。退休後，她便迫不及待，馬上到社區大學報名學素描，後來水彩、粉彩、油畫也都一一涉獵，買畫具所花的錢可不比張伯伯的攝影器材少。

後來，張伯伯為了追逐知名的攝影景點，開始時常開車東奔西跑，而且為了捕捉美麗的晨昏，更是早出晚歸。張媽媽擔心先生一個人開車危險，便開始了夫唱婦隨的水彩速寫創作生涯。

經過數年，兩人累積了許多自己覺得滿意的作品，在友人慫恿下，興起了開一場攝影與速寫聯展的念頭，於是便積極地展開了籌劃的工作。從租借場地、輸出照片、裱圖、整理作品簡介，製作邀請函……，雖然過程困難重重，更所費不貲，但夫妻倆卻樂此不疲，滿心期待可以跟親友們一同分享他們這幾年的創作成果。

趁著母親節的家族聚餐，夫妻倆對兒子、女兒兩家預告了年底即將開展的訊息。女兒聽到隨即詢問爸媽有沒有需要協助，或許她可以利用工作空檔幫忙用電腦做簡介或是設計邀請函；但兒子的反應就完全不一樣了，他用略帶嘲笑的口吻說：「有興趣拍照畫圖是不錯啦！但你們又不是大師，作品我看也很普通，開聯展不怕被人家笑嗎？」

張伯伯聽到兒子這樣說，表情馬上就變了，張媽媽察覺先生的情緒已經上來，趕緊緩頰：「我們只是跟親朋好友分享這幾年的創作成果，沒有自以為是大師，也沒有大肆宣傳，就是好玩而已，兒子幹嘛這麼認真？」兒子看到爸爸在生氣，當然也就不敢再多說，馬上跟爸爸賠不是，強調自己只是開玩笑，請爸爸不要當真。

後來，夫婦倆的攝影與速寫聯展，因為兒子潑的一桶冷水而沒能辦成，兩人雖然依舊醉心於各自的興趣，持續創作，但從此再沒有勇氣將作品分享給大家欣賞。兒子對此也感到十分愧疚，但不管怎麼跟爸媽解釋，都沒辦法讓他們再一次敞開心房與大家分享自己的作品。每當他想起那天聚餐未經大腦的失言風波，除了對父母感到抱歉，心中也覺得相當遺憾。

言者無心，聽者有意。案例中的兒子會有這樣的反應，其實是源自於不理解長者的學習心態。多數長者在退休後的學習心態，其實跟年輕時期完全不同，年輕的時候學東西，往往希望成就自己，但年老後卻多是為了圓夢或是填補退休後的生活空缺。

觀察長者的學習心態，可以用「小小成就，大大滿足。」來形容。透過學習，他們想滿足的是人生的精彩，想填補的是人生的缺憾，想圓滿的是年少未圓之夢。他們不想要有太大的壓力，希望將學習融入生活，重點不是豐盛的結果，而是參與過程的滿足！

案例中的張伯伯、張媽媽之所以要開展，其實不是為了炫耀自己的作品有多成功，而是想要跟親友們分享創作過程中的喜悅，把退休後的美好生活呈現。但兒子的無心之言，曲解了老人家的心態，讓他們失去自信，以為要有大師級的作品才有資格辦展與親友共享。兩老心態轉為堅持開展會讓兒子蒙羞，難以再鼓起勇氣與大家分享創作成果與喜悅。

如果身為子女可以理解父母的心態，反而能對父母的老化過程提供莫大幫助。在此分享另一個成功的案例：

吳伯伯跟吳媽媽都沒有興趣嗜好，退休後成日賦閒在家，大門不出二門不邁，每天除了柴米油鹽，就是坐在客廳相看兩厭，晚上更是對著家門望穿秋水，期待加班的兒子趕緊收工回家。

兒子是個忙碌的上班族，雖然事親至孝，但無奈工作繁忙，能陪伴父母的時間少得可憐。眼見老父母整日無所事事，也不出門與人互動，擔心兩老很快退化，便想了一個運用智慧型手機引導父母出門活動的好方法。

他趁過年買了兩部智慧型手機送給爸媽，而且貼心地幫爸媽設定好個人帳號，並安裝時下最流行的擴增實境遊戲「Pokémon GO」。吳先生煞費苦心地趁新年假期在家裡教爸媽抓寶，引導他們感受遊戲的樂趣。「媽，你看，電視下面有皮卡丘，趕快……」

因為遊戲簡單又不用動太多腦筋，兩老便在家裡抓寶抓得不亦樂乎，抓了兩天，吳先生對爸媽說：「其實外面寶更多，要不要我陪你們去公園看看？」就這樣一句話，竟讓爸媽出門散步了一個上午。

經過一星期，吳家兩老已經完全上手，竟開始跟兒子比賽誰的級數比較高？吳先生看爸媽開始願意出門，心想機不可失，每天晚上還貼心地利用時間偷偷登錄爸媽的帳號幫忙整理一日抓寶成果，讓爸媽只要安心抓寶，完全不需要鑽研其餘複雜的遊戲技巧。

從此吳家兩老每天固定出門抓寶，累了就回家休息，兒子還會定期分享抓寶熱點的消息給他們，持續維持他們對遊戲的熱度。而吳家兩老也從遊戲中的小小成就，得到大大的滿足，還得到規律運動及拓展人際的好處。

以上案例告訴我們，只要理解長者的學習心態，再發揮創意把學習或遊戲融入生活，搭配與時俱進的工具，要維持長者對生活的熱情，其實並非難事。

想要成功老化，學習運用新科技，何樂不為？

退休後，還能繼續服務社會嗎？

每逢週末，在住宅區裡是尋不到曾老師的。要找他，得轉車幾趟到外雙溪，衝破川流不息的觀光人潮，往故宮鑽去。然後，在某個人潮圍成的圓圈中，就會發現曾老師手拿麥克風，腰際掛著迷你擴音器，精神煥發得像一位伸展台秀導，無數國寶在其指揮下粉墨登場，贏得滿堂讚嘆。

曾老師能言善道，隨意指點，就是一場豐美的知識饗宴。但這項長才在他擔任故宮導覽志工之前，鮮少人知。

因為曾老師這輩子並不曾獻身教育，本業是二手書店老闆。「老師」這個稱謂，是許多觀光客拜服他學識深厚，硬加上去的。曾老師剛開始還費脣舌解釋，誰知道質勝於文，甘願當學生的民眾多如江鯽，他只好「順應民意」了。總之，「克盡職責就無愧於心」曾老師是這麼想。

曾老師笑說導覽志工才是他的真實身分，更是他晚年的心靈支柱。「導覽讓我感覺自己還有用，能在未來有限的生命中，創造出意義，繼續為這社會貢獻一點心力。當初不過是為了圓老婆的遺願，沒想到後來竟帶來這麼大的滿足。」

原來，曾老師的妻子與他早約定，退休後要一起當志工。只是熱心公益的妻子，都還沒來得及選定要當哪一種志工，就不幸病逝。當年妻子一副強迫中獎的蠻橫模樣說：「反正買一送一，你就當陪我是了。」那一幕，迄今曾老師仍是記憶猶新。

但人生無常，有緣結伴發願，不一定有緣並肩完成。曾老師對妻子辭世的細節未多說明。但一句口頭禪「健康可貴，緣分難得」，透露了他的心境。「那些小事，私事，沒什麼好說的。人總要向前看，別弄錯，是前面的前！」曾老師順勢瞇起笑眼，強調「至於金錢，夠用就好」。

儘管曾老師不輕易提及往事，行事低調。回到住宅區，多數人只知稱呼曾先生、曾爺爺，知道曾爺爺喜歡安靜，不多話，常獨自泡在二樓閱覽室或一樓讀報區，每週末都神隱不知所蹤。只有少數知心好友知道，他正「緣溪行，忘路之遠近」。風雨無阻地「變身」為故宮導覽員的曾老師，一路神采飛揚，默默以行動思念愛妻。

志工服務，對於老後生活極有益處。

以台灣志願服務工作制度而言，最早見於民間宗教與慈善事業，今日則逐漸盛行於社會福利領域。再由於生活水準提升、教育普及、宗教與公益團體的宣導，許多退休人士也投入志工的行列，譬如醫院、校園、博物館，甚至地方政府、鄉鎮公所。

誠如二〇〇一年通過的「志願服務法」，指出志工服務乃民眾出於自由意志，不以賺取報酬，而以提高公共事務效能及增進社會公益為目的之各項輔導性服務。

志工服務與老後生活互利共生，成為正循環，效益可說更甚於「回饋金」。以案例提到的博物館志工服務而言，既可納為成人教育、自我實現、終身學習的一個環節，也有助博物館對外推廣、擴大高齡勞動參與、減輕政府長照壓力等面向。

然而擔任志工各有門檻，對於老人而言，不妨視為一種自我挑戰。譬如故宮招募導覽志工，屬性為「學習型志工」，須經過兩關口試，且成績八十五分為及格標準。考試內容則涵蓋青銅、陶瓷、玉器、書法、繪畫等文物知識，包羅萬象。即便順利考取，定期換展、補充新資訊、導覽體力等考驗也將接踵而來。

但難度與成就感，通常高度正相關。能克服層層關卡，對於強化老後心理條件，效果自然不容小覷。像案例中的曾老師，除了透過志工服務贏得他人尊重，亦創造與不同世代、族群互動的社交機會，持續吸收新知並實踐自我價值。

此外，縱使案例裡的敘述，僅點到為止，但志工服務對於曾老師老後的心理調適，顯然起了重要的轉化。

曾老師對亡妻的思念之情，雖未明講，但其真摯濃烈，旁觀者或能感受一二。我們卻不見曾老師耽溺在憂鬱或寂寞的情緒低谷，反而見他在這種條件下，增強志願服務的動機，付諸實際行動。這真不是件容易的事。

珍惜有限生命，創造無限價值。曾老師雖對「老師」這稱謂感到不安，論其老後的身心安頓，不正是一則值得他人效法學習的成功範例嗎？

「健康可貴，緣分難得。」曾老師是如此叮嚀著。

哪裡來的健保署黃小姐？

靠著一間小鐵工廠，柯爸與妻子離異後，獨力養育三個孩子長大。這過程的甘苦，柯爸不曾向誰透露。他與孩子們自然有種默契，像是逢年過節，不需提醒，子女會自動「返巢」，提著牲禮返家祭祖，順便七手八腳地幫忙清潔、整理環境。雖然柯爸嚴肅，較少說笑，但這默契下的情感羈絆，讓人感覺很溫暖。

是以，就算現在只有他守著這間小工廠，柯爸也不寂寞，偶爾還會為自己盡了責任，而感到相當自豪。這個家，是他親手用螺帽一顆顆栓緊的。因此，當子女提議到老人社區參觀時，白髮斑駁的柯爸，動了真怒。「養兒不孝。」柯爸聽完孩子通盤計畫後，只回這麼一句。這事在柯家就當從沒發生過。

柯爸不是不認老，而是他有他自己的規劃。

柯爸本想當大體老師，因移植過肝臟不符資格。後來轉念簽署了拒絕心肺復甦術或維生醫療（Do not resuscitate, DNR）意願書，更購買了生前契約和塔位。身後事已準備妥當後，眼前柯爸正打算購買新機台，趁身體小病痛還不礙事，多存點老本。所以他每週上郵局刷存簿，同時自我鼓勵，「做到不能做為止。」

怎知道某一天中午接到一通詐騙電話，差點打翻了柯爸的如意算盤。手機那頭，傳來一位年輕女性的聲音。對方自稱衛福部健保署科員黃小姐，在確認柯爸的基本資料後，隨即表示因為手邊業務涉及柯爸看診權益，來電詢問柯爸健保卡近期使用狀況。柯爸半信半疑，表示這個月幾次到復健科與中醫看診、掛號都沒問題。

但電話那頭的黃小姐憂心忡忡表示，「因為系統顯示您的健保使用額度異常，很可能是個人資料外洩，讓詐騙集團利用為人頭帳戶。這涉及刑事與民事責任，如未處理，恐將收到法院傳票，又或遭詐騙受害人求償。」

柯爸聽到這不禁有點緊張。不過黃小姐說，「請不用擔心，我可以提供您健保署公文與佐證資料，做為您的相關憑據。不知府上方便傳真嗎？或者麻煩您到附近便利商店，我將公文傳給您？」於是柯爸顧不得吃午餐，一邊拿手機聽黃小姐解釋傳真流程，一邊走向便利商店，準備收取健保署資料。

這時便利商店剛好有員警正在簽巡邏箱，柯爸趕緊請黃小姐等一下，並詢問警察自己是否要備案，證明自己清白？員警一聽便知不對勁，請柯爸把手機遞給他，讓他跟黃小姐講。沒想到手機到員警手上時，電話另一端已經掛斷。

員警將手機還給柯爸，說：「阿伯，你遇到詐騙了，以後接到這種電話一定不要理他喔。」

老人詐騙案件層出不窮，如何才能避免淪為詐騙受害者？

相關報導曾指出，詐騙集團通常鎖定較不關注時事、人際關係疏離的族群，其中又以退休老人居多，約有逾七成老人接過詐騙電話，六成老人對於防詐騙知識不足。

此外，也有調查統計指出，被騙老人大多未與人共居，部分喪偶後獨居，絕大多數缺乏關心照料。而老化伴隨的生理機能衰退，心智水平弱化，對於事物的判斷力與自我保護能力都下降。是以詐騙集團往往利用老人弱點，或施以溫情攻勢，或假冒專業形象，先取得信任，再詐取錢財。

要避免成為詐騙集團眼中的「肥羊」，除了保持警覺、學習防詐騙知識等自我保護手段，更為重要的是及早建構一張「防衛網」，晚年才能高枕無憂。

以案例故事中的柯爸來說，雖鬥志旺盛且自認不寂寞，但晚年獨居的事實，多少也增加了危險因子。譬如柯爸堅持「做到不能做為止」，認老卻不服老，尤其是消極處理身體發出的警訊，難保不會「人在天堂，錢在銀行」。畢竟所謂老本是安養天年的經濟基礎，積極奮鬥的精神可嘉，但無論如何不宜本末倒置。

此次詐騙集團來電，柯爸實在驚險逃過一劫。試想，要不是柯爸家沒有傳真機，要不是在便利商店遇見了巡邏員警，要不是柯爸懂得求助，要不是這麼多「巧合」，柯爸拚老命賺來的積蓄，豈不可能轉眼成空？柯爸的餘生豈不是將陷入憤怒、自責、抑鬱的情緒泥淖中？

老人難道只能「自求多福」嗎？當然不是。

目前台灣社會已建構了許多「防衛網」可供長者依靠：里、鄰長會定期關懷轄區內獨居老人的生活狀況；「一六五」防詐騙專線也是一打就通。另外，類似柯爸子女提議參觀的老人社區、銀髮公寓、中高齡住宅等，大都能一定程度地排除年長者生活中的危險因子，保障長者的財富與尊嚴，而詐騙集團自然無機可趁。

至於柯爸，儘管放下成見，不妨先去多看看、與子女們多聊聊，再重新撥撥手上的如意算盤吧。

第八章

美好的人生旅程

別讓美好旅程毀在終點

黃伯伯和黃媽媽牽手一起走過五十個年頭，夫妻倆總是共同面對生命中的每一次挑戰。直到黃伯伯年過七十五，跟太太兩個人都明顯感覺身體機能在走下坡，感覺愈來愈力不從心。兩老都非常擔心，不知會不會突然喪失生活自理能力，或是被檢查出嚴重的病症；還有就是臨終前需要做什麼安排，身後事要如何交代……，除了擔心，還有一大堆問號湧上心頭，成日愁眉苦臉，擔心有個萬一卻應變不及！

想找兒女們商量，他們卻總是回說：「爸、媽，你們別想太多了，你們身體都那麼好，一定會長命百歲的。有我們在，不用擔心那麼多啦！」黃伯伯一臉嚴肅的回說：「就算長命百歲，我也還有二十五年，不知道這二十五年能有多少健康快樂的日子可以過啊！凡事總要心裡有個底，萬一突然有什麼突發狀況，也能馬上應變。」兒女們聽了卻只是你看我我看你的，不知如何接話，每次都含糊地帶過這個話題告終。

跟兒女商量不成，兩老索性到圖書館蒐集資料，這才發現老化分為「初老、中老、老老」三個階段，而且每個階段要準備的事還真不少。原來夫妻倆現在是處於中老人（old-old；七十五到八十四歲）的階段，雖然老化不等於疾病，但身體用久必損，一般來說，現階段會感受到身體機能明顯在走下坡，甚至要面對認知及記憶衰退等問題。

如果有幸活成老老人（oldest-old；八十五歲以上），那通常會面對一個劇烈變化的過程，身體機能可能急速衰退，也有很大的機會面臨嚴重病症。雖然都不是絕對會發生，但要及早準備，以因應這些可能的過程，避免人生在終點前變調。

兩老邊看資料，心想自己也不是那麼怕「死」，最不願意面對的其實是「病」，如何趨吉避凶，過有品質的人生，應該是現階段的重要課題！夫妻倆的共識就是要先從保養好身體做起。

回到家，黃媽媽若有所思，突然開口說：「老頭子啊，不論怎麼保養身體也是終歸一死，重點應該是好死或歹死，我聽人家說現在有立法保障自己可以決定臨終前的醫療計畫，我可不要插著一堆管子躺在病床上喔！」黃伯伯接著說：「我也不要，那我們應該怎麼做？天有不測風雲，人有旦夕禍福，這事很重要，要趕快去辦好才成。」

黃媽媽又說：「那死了以後呢？雖然我們都早買了生前契約，怎麼處理後事都有專業的公司協助，不用孩子們操心，但財產呢？就這一棟房子，會不會害三個孩子爭產啊？我一想到就擔心。」黃伯伯接著說：「我們也只能盡人事，做好準備，其實我最擔心的是你比我先走，幾十年來都是你在照顧我的生活起居，我根本沒辦法想像失去你的生活。」黃媽媽聽了有點生氣說：「死老頭！你不要那麼自私，不要留我一個人在世上難過……」

語畢，兩夫妻相視嘆息。到底有誰可以完整而具體地幫助我們做好各種準備呢？

佛家《雜阿含經》有云：「有三法，世間所不愛、不念、不可意。何等為三？謂老、病、死。」多數人一旦開始意識到「老」已經發生在自己身上，無論是來自身體的回饋或是數字的感受，就會開始對下一階段「病」感到恐懼，擔心自己因為生病而痛苦不堪，甚或連累家人，最後奪去自己的生命，進入過去人們最不願意面對跟提起的階段——「死」。

但隨著時代變遷，面對生死之事的觀念也逐漸在轉變，現代人較不忌諱談「死」，也大多將自己的喪葬事宜安排得很妥當。現在人們最擔心的反而是「老」跟「病」這兩段過程，於是在成為「老老人」之前的「老年準備教育」，也跟初老前的「退休準備教育」一樣逐漸受到重視。

老化是一個不得不經歷的過程，你卻無從得知終點之所在，更不知何時會抵達，但這個過程，透過許多人的經驗累積形成學問，現在已多少可以掌握。

於是，發展「老年準備教育」的學習方案，幫助即將面臨老老人生的人們免於恐懼，跟「退休準備教育」一樣是高齡教育的發展重點，大學與非營利組織更應肩負起社會行銷傳播的公共責任。以下先提供一些「老老」前應該考慮的大方向供讀者參考：

一、我要如何認識並適應身體的老化？

現代人因為醫療及科技的進步，有機會在老化過程維持相當不錯的生活品質，但青春永駐還是不可能達成的任務，如何有健全的心態與老化的身體共處，是非常重要的「老老」人生課題。解決問題的第一步就是認識問題，先認識老化過程可能的身體與心理變化，自然能培養出健全的心態，邁向成功老化。

二、我的臨終之路想要怎麼走？

事情總是一體兩面，醫療與科技的進步，帶給人們更高的生活品質，但過度的醫療干預卻也可能讓人生不如死，如何事前預立「安寧緩和醫療暨維生醫療抉擇意願書」或「醫療決定書」，避免求生不得、求死不能的悲劇發生，這關係到精彩人生能否平順謝幕，不可不慎！

三、我的身後事該怎麼安排？

一般人都以為身後事就是指喪葬事宜，其實身後事還包括了遺產的規劃。遺產是給子女的「祝福」，萬不可留下「不睦」的禍根，務必清楚交代資產負債，確實安排遺產的分配、由誰執行，怎麼做才能確保不會產生爭端。而喪葬事宜也有人開始希望處理得更有意義，如器官捐贈或大體老師。甚而事前寫好「四道人生」，即「道謝、道愛、道歉、道別」的人生謝幕詞，這些都是現代人規劃身後事的選項。

最重要的一點，教育是為了提前準備，防患未然，等事情發生了再補課，將緩不濟急。老老人生的各種變化往往突如其來，做好心理準備，透過各種預先處置的方式，當自己的主人，別讓美好人生敗在最後一刻，絕對是重要的課題。

怎麼陪老伴走完最後一程？

去年，程阿姨陪她先生走完最後一程後，搬進老人社區。程阿姨談起那段時光，心頭仍是萬般不捨。

她的先生是一位盡忠職守的軍人，為國奉獻的意義，是任務永遠大於家庭。舉凡漢光演習、高裝檢、下基地、師對抗，以至遇見重大災情時的出勤救難，她的先生一律任務優先，激昂的愛國情操，都不知道可以折算她多少頓悶氣。

程阿姨常說：「我是陪先生嫁給了國軍。」

她先生卻也是標準的鐵漢柔情。只要情況允許，絕不讓程阿姨下廚。開火動刀總有風險，只要先生在家，程阿姨就完全不用動手，飯菜茶水自動上桌，日常的噓寒問暖更不在話下。程阿姨還說她愛吃醋，但不是與小三小四爭寵那種吃醋，而是醃過的涼拌醬菜魚乾之類。所以冰箱永遠裝填著由先生準備好梅汁漬過的脆蘿蔔、微辣的新鮮泡菜，或者帶點輕甜的醬油黃瓜。

話說到這，程阿姨不禁微笑說：「我先生也稱得上一心一德，貫徹始終。」可是先生臥病的最後一段歲月，過得著實不輕鬆。程阿姨說：「要不是他前世修來的福報娶到我，換做別人早溜走了。」程阿姨舉例，那段時光她先生離不開床，語言表達也很艱難，自然鬱悶得經常要發脾氣，或遷怒於看護。「我就想辦法，幫他轉移焦點。」譬如，程阿姨會挑些老電影，陪先生消磨一個下午，像年輕約會時那樣。程阿姨也會播放先生愛聽的老歌，隨旋律哼哼唱唱。

但先生的身體始終沒有好轉，程阿姨回憶起來，尤其讓她揪心的，是一次她發現老伴在報紙邊上，重複寫滿三個字：「活太久活太久活太久……」。

程阿姨說後來她真慌了，因為終點不知何時抵達。知情的朋友，建議她不如去某寺院找師父商量。而師父在聽完她的敘述後，直言：「不是你先生不走，是你不放他走。」程阿姨非常詫異，卻也開始思索「真的是這樣嗎？但我怎麼可能放？又怎麼可能不放？」

程阿姨於是依照法師建議，找個看護不在家的午後，開窗讓陽光與風透進屋內，坐在先生床邊，與他傾訴這輩子的點點滴滴。話也不知說了多久。總之，當窗外孩子放學的嬉鬧聲傳來，程阿姨告訴他的先生：「你不要因為我，捨不得走。這輩子你把我照顧得很好，我們過得很好。」

「我也捨不得你受苦。」程阿姨講到這，側過臉拿了張衛生紙，按捺下自己情緒。

「然後……」程阿姨平靜地說：「大概一個星期後，我先生就往生了。」

少數人將中高齡住宅、養生村或銀髮社區，視為退休後的最後一個家。究其原因，無非是希望擁有安心自在的「樂退生活」，且當生命走到最後一段旅程，對於自己或家人而言都可能是個難題。而中高齡住宅等專為老年人設計的居所，服務團隊大多經驗豐富，這時便能發揮積極作用。所以移居，即倚重專業，減緩後顧之憂。

因此，一個稱職的服務團隊，將協助住戶建立「預立醫療自主計畫」，包含引介住戶認識所謂拒絕心肺復甦術或維生醫療意願書，以及預立醫療決定書，避免過度醫療，造成身心不必要的傷害。

一個稱職的團隊，也將協助住戶建立「臨終前照顧計畫」，包含讓住戶了解安寧療護的意義與功能。進而，當住戶有安寧療護需求，適時提供醫療或宗教支持，緩和疼痛與不適，幫助人有尊嚴、自然地走向生命終點。

此外，安寧療護除了仰賴醫師、護理人員及宗教人員，社工員、志工或相關服務的專職人員，在心理輔導層面，譬如對於當事人的臨終關懷或家屬的悲傷輔導，往往能起著積極作用。這點我們也應該有所認識。

回到前述案例故事，我們不難察覺程阿姨的孤立無援。即便聘請了看護，居家照護的壓力，依舊是程阿姨心頭沈重的負擔。

儘管根據健保署統計，二〇一五年台灣癌末病患過世前一年安寧涵蓋率達五十五・六%，在英國《經濟學人》關於「臨終病人死亡品質」調查中，居亞洲之冠。此外，「病人自主權利法」也預計二〇一九年上路。換句話說，台灣在臨終照顧與醫療自主兩個方面，似獲得一定發展。但事實上，多數民眾對此的理解仍顯不足。

一部分的理由，可能看來很簡單，即住在家裡，通常不會有專業團隊協助，無論預先提供資訊或相關安排，樣樣都得自己來。

因此，當人生即將走入新的階段，如何導入相關資源，減輕自己與家人盲目摸索伴隨的挫折感，我們都不妨主動尋求外援，訂定符合自身的各種「計畫」。

對每個人來說，「善終」都是一門必修的人生課題吧。

逝者已矣，生者何辜？

意外像是繪製生命的顏料，你不得不承認生命因為它的存在，而變得不平淡。它總是無聲無息、突如其來，偷偷為生命繪上一抹顏色。生命會因而多彩，亦或暗淡，全看你手中的調色盤有多少色料可以與之搭配。

楊叔叔，一位謙和溫柔的長者，言談十分幽默。與太太結縭數十年，最大的遺憾應該是沒有子女，但也因為如此，夫妻倆更懂得相知相守，感情總是如膠似漆。退休後移居美國，過著幸福快樂的兩人退休生活。

但好景不常，太太的健康發生變化，不到兩年就撒手人寰，徒留楊叔叔一人，整日黯然神傷。

亡妻生前的摯友商小姐恐怕楊叔叔抑鬱而終，便積極鼓勵他轉換環境回台居住，邀請愛看海的楊叔叔來到淡海新市鎮看了許多建案，希望找一個合適的好住所。另一方面又擔心楊叔叔已經七十多歲，雖然身體狀況非常好，但孤單一人，總是需要日常照應。所以，擁有完善服務的社區便成了首要的考量，不然房子再漂亮，生活上的需求如果無法滿足，那也只是枉然。

在一次偶然的機會，商小姐來到了潤福中高齡專用住宅，經過仔細地參觀了解，便打算將這一個選擇推薦給楊叔叔。楊叔叔感受到好友的關懷，不忍拒絕，又想到與太太移居美國數十年，獨居台北的楊老太太都是委託商小姐義務幫忙探望照顧，心中也感到歉疚。反正現在獨身一人，還是回來就近跟年事已高的媽媽作伴，可以互相依靠。

轉眼間，楊叔叔已經在潤福住了四年多，除了偶爾回到美國與友人相聚，他已經逐漸將生活的重心放在台灣。兩年前，美國友人利用楊叔叔返美的機會，為他介紹對象，友人告訴楊叔叔：「年紀大了，還是找個人陪伴在身邊的好。」起初，楊叔叔心裡很抗拒。但後來發現兩人興趣相投，也都遭遇失去另一半的命運，最後還是決定牽起彼此的手，一起走向人生未來的路。但楊叔叔實在不知道怎麼跟親友開口，所以兩人決定還是先瞞著親友，低調登記結婚。

有一天，楊叔叔突然連續不停打嗝，本來不以為意，但護理長一直勸他就醫弄清楚原因，一向待人隨和的楊叔叔只得配合，沒想到檢查後竟發現是癌症末期，醫生直接告知大約只剩一個月壽命。這對身體機能維持得十分良好的楊叔叔來說，無疑是難以接受的噩耗，但眼看時日無多，許多事情需要處理交代，必須趕緊設法將身後事安排好，除了通知第二任「楊太太」趕緊返台，其他沒能做到的也只能託付向來最信任的商小姐了！

如同醫師預告，病程惡化得飛快，楊叔叔沒多久就已臥床，而且很快就突然離世！生前想要委託處理的資產也沒能來得及辦妥手續；之前從未謀面的楊太太和商小姐，對原來楊叔叔資產的安排也各有立場，到楊老太太辭世後都還糾纏不清，甚至對簿公堂，演變成一團怎樣都解不開的結，讓還留在世上的人處於爭訟之中。

面對喪偶，由親近的人從旁引導，協助轉換環境，的確是很好的做法。案例中的楊先生回到台灣，重新面對生活，心靈獲得撫慰，逐漸從傷痛中走出來。事過境遷後，又因為情感需求，而迎接新感情，在生命中出現了另一位「楊太太」。但楊先生擔心傷害友人感受，直到臨終前才不得已揭露「楊太太」存在的事實，帶給親友的衝擊在所難免。

站在親友的角度，應該設身處地考慮楊先生在走出喪偶之痛後，情感面的需求，在其他的篇章也曾提及：「年長者有成熟的思想，也有情感的需求，特別在人生來到黃昏時分，親情的支持固然重要，伴侶的陪伴往往更為珍貴。尤其是歷經喪偶之痛的長輩，夜深人靜時的孤寂，又怎是子女親友能夠體會的呢？」

但照顧者也需要被照顧，楊先生可能忽略了用心幫忙照顧楊老太太的那位商小姐的感受，也忽略了她與亡妻的真摯情感，如果楊先生在做出再婚的重大抉擇前，先與身邊幾位親近人士溝通，也許狀況就不會變成那樣難解了！

面對身後事，多數人往往等到明顯感覺老態才開始思考，但人生無常，總有不可預期的事情會發生，像案例中的楊先生面對如此突然的狀況，毫無準備且時間有限，想要做好完美處置，幾乎是不可能的任務！

案例發展到後來，商小姐與楊太太為了遺產的分配對簿公堂，直到楊老太太去世仍沒能化解歧見。老太太過世後，關於遺產的分配變得更為複雜，楊先生長年旅居國外的妹妹也成了繼承人之一，加入這場爭執。

此外，也由於繼承人都沒有將楊叔叔生前居住的房屋辦理退租，返還潤福。潤福在這場爭端裡，除了感嘆，也只能不斷反覆地通知繼承人盡快完成協議，趕緊將房屋返還，好讓潤福能收回房屋，依約退還押金。

由於楊先生未能在關鍵時刻做好防範與準備，最後留給生者一場難以結束、但原本可以避免的爭端，恐怕也是逝者所料未及！逝者已矣，生者何辜？

不婚不生時代，如何安排最後一段路？

就像〇〇七電影裡的詹姆斯．龐德一般，傅伯伯一生在軍中從事情報工作，也曾深入敵營潛伏，刺探敵情。但是情報員的人生並不像電影裡的那般帥氣，為了做好情報工作，他養成不輕易與人交往的習性，而這也讓他的老年生活變得格外辛苦。

因為情報工作充滿風險，傅伯伯不想連累人，所以選擇不成家。離開情報工作後，傅伯伯攢得一筆積蓄，買了一間公寓自己居住，靠著退休俸跟十八％優惠存款，生活過得倒也優渥。但一輩子從事情報工作的他，非常懂得未雨綢繆，預先設想所有可能發生的風險。他知道自己畢竟是孤家寡人，舉目無親，除了軍中同袍李伯伯，身邊根本沒有可以信賴的人。現在身體還好，一切都能自理，以後更老了，萬一病了，該如何是好？

所以他總是跟李伯伯說：「我不像你有老婆小孩可以靠，以後我只能靠錢了，恐怕我還要再節儉一點才行。」一雙功夫鞋，穿到大腳趾都從破洞鑽出來了，他還捨不得換，反而是李伯伯看到，就請太太幫忙買了一雙新鞋送他，還為了顧及傅伯伯的顏面，善意騙他說是自己買了要穿不合腳，丟了也是浪費，只得拿來給他試試。

隨著離開軍中的時間久了，年紀更大，體力也大不如前，多年來已經節儉成性，加上身邊沒人幫忙打理，小公寓裡塞滿了各種捨不得丟棄，自己也無力整理的雜物，生活品質低落到連好友李伯伯都看不下去，經常建議他搬去有人服務的居所，萬一發生狀況也好有個照應，不然長此以往，連身體健康都會受到影響。

就在李伯伯再三苦勸之下，傅伯伯慎重考慮後接受了建議，把公寓賣掉並遷入一間提供完善服務的中高齡專用社區，但是因為孤家寡人而產生對未來的不確定感，仍然影響著他的生活。

難道一個人就注定要生活在對老後不確定的焦慮中嗎？

現代人因為觀念的改變和環境的壓力，愈來愈多人選擇不婚、不生，不僅造成了少子化的問題，更加劇高齡化社會的現象。當年輕人愈少，老年人愈多，倒三角形的人口金字塔結構，可能會讓國家的整體勞動力下降、ＧＤＰ成長停滯、社福負擔日益沉重。

由於戰後嬰兒潮世代剛走完人口紅利，資產也多集中於此，所以就算是單身，只要透過妥善的規劃，安享晚年並非難事。許多金融商品的法規逐漸在放寬，為的就是因應高齡社會可能產生的各種問題，以房養老、保險實物給付、信託等也應運而生。不過，除此之外還有其他可供選擇的方案嗎？

案例中的傅伯伯說以後只能靠錢，但是要靠錢，也要有信賴的人協助運用才行。

搬進中高齡專用社區的傅伯伯，因為存放了一筆退租即返還的押租金，可供緊急所需；也因為住進提供完善服務的居所，不止居住品質大幅提升，心理上對未來的不安感肯定能得到舒緩。

中高齡共居社區裡，常常有單身的住戶對服務人員說：「以後我有事就靠你們囉，因為我已經沒人可以靠了……」。所以除了協助長者善用金融商品來因應老後可能發生的狀況，也建議獨身的長者多運用法院的公證制度，以確保自己萬一重病無法有清楚的意識時，或者在臨終的醫療選擇、身後事安排等種種狀況，有人能夠明確了解並代為表示或執行意願。

除了信託之外，生前委託公證、遺囑公證都是可供運用的工具，透過法院公證人來協助委託人與受託人溝通，再以精準的文字記載委託事項，加上有法院背書，具備法律效力，確實大大保障了委託人的意願得以被實現。

或許有人會問：「就孤家寡人了還能託付誰？」

從過往的例子中，曾經看過委託給好友或其兒女的，委託給學生、同袍、遠房親戚、里長的。所委託的事會先載明預設狀況，例如重病失去意識、發生繼承事實等；再明定委託人授權被委託人可以代為執行的內容，例如代為表示醫療意願、代為領取金錢給付各種費用、代辦喪葬事宜、代為進行遺產分配……

因為公證書的內容明確記載了委託人與受託人之間的各種權利義務，而且只要委託人的意識清楚，隨時可以因應狀況改變，來修訂先前委託的內容。透過這樣明確、詳實且有彈性的工具，的確幫助許多有此需求的長者，在身後得到了圓滿的結局。

安寧在心中？

這一天，潤福邀請了黃勝堅醫師（時任台大醫院金山分院院長）來館講座，分享的題目是「安寧在心中」，這是一個過去總被避談的題目。決定邀約院長來館，館方也是戰戰兢兢，深怕一個處理不當，導致反效果。沒想到當天館內迴響極大，多數住戶都認為值得一聽，幾乎把會場擠爆。

講座過程中，國內神經外科權威——堅叔，闡述著醫護人員與病患、家屬三種角色間的認知落差。他在醫院看盡生死之後，對於生命的過程有了新的體悟，於是在二〇〇三年，取得「安寧緩和醫療」專科醫師證照，不遺餘力地推動國人醫療觀念的改變。

他認為目前醫界對於生命末期的相關議題並不熟悉，加上傳統觀念制約以及近年醫病關係的變化，導致無限上綱式的無效醫療增加，徒增健保負擔，更加深病患及家屬的痛苦。

住戶徐媽媽八十多歲，全程認真聆聽講座，了解到現行的醫療狀況，有可能讓她的人生最後一里路變得坎坷。雖然人終歸一死，心裡總是期待臨終之路能走得平順，她曾經思考過簽署器官捐贈同意書遺愛人間，但兒女一聽到不留全屍，堅決反對；退而求其次，她想到自己年紀那麼大了，說走就走，不願再受急救之苦，有意簽署拒絕心肺復甦術或維生醫療意願書，兒女聽到卻說：「你生病了，就要我們放棄，也不願意醫師盡力救治，那我們豈不背負不孝罪名？」結果還是不了了之。

徐媽媽的兒女早已成家立業，十年前，徐伯伯在她悉心照顧下安詳辭世。老伴走後，她自在充實地過生活，心裡感覺了無遺憾。她常說：「我還沒活膩，但我活夠了。我會開心地度過賺到的每一天，老天爺若要我這一刻就走都行，我最怕的是走不成還要被折磨！」

遲遲無法讓子女明白自己臨終醫療的意願，大概是徐媽媽眼下最擔心的事情。這次聽過黃院長精闢的分享，除了對於臨終醫療計畫有更深一層的認識，徐媽媽更下定決心，無論如何一定要找機會跟兒女好好溝通，她要做自己身體的主人！也希望子女們理解「放下不是放棄」，人生終須一別……

根據統計，台灣擁有世界第一的加護病床密度；長期依賴呼吸器的盛行率更超過美國五倍之多，葉克膜使用量更曾在單一年度占全球病例的二分之一。各種現象除了說明台灣的醫療環境十分優越之外，隱含在背後的可能是許許多多的無效醫療正在醫院裡面發生。

未知生，焉知死。如同退休準備教育的不足，國人老年準備教育也幾乎付之闕如，傳統觀念的制約，加上醫療環境之卓越，救人免於病痛的醫院，同時卻可能是增加病患臨終痛苦的幫兇。

現代醫療的分科很細，可能導致醫師的盲點，只看到器官卻忽略了人。記得黃院長在講座中提出一個值得深思的問題：「如果植物人得了肺癌，那要不要治療肺癌？」這個問題如果詢問腫瘤科的醫師，有很大可能會得到肯定的答案。

隨著醫療科技日新月異，人體許多器官功能可以暫時被機器取代，插管、氣切、葉克膜、洗腎、洗肝、鼻胃管，加上靜脈注射營養針，表象式地維持人還活著的狀態並非難事。如果是為了幫助病人度過難關，這些都是神兵利器，但不少狀況卻只是延長病患末期死亡過程的無效醫療行為。

台灣於二〇〇〇年通過「安寧緩和醫療條例」立法，賦予國人臨終時擁有拒絕心肺復甦術或維生醫療（DNR）的權利，並且可以將意願註記到健保卡的晶片中。當面臨疾病末期階段，醫師便可透過健保卡得知預立的意願，並與家屬溝通提供病患安寧療護服務。

但國人對於簽署DNR卻有許多錯誤的迷思，最常見的就像案例中的子女，以為媽媽簽了DNR，醫師就不會盡力救治。其實並非如此，拒絕急救並非拒絕治療，醫師的職責是救人，除非病程不可逆，且由兩位相關專科醫師確診為末期病人（經醫師診斷認為不可治癒，且有醫學上之證據，近期內病程進行至死亡已不可避免者），DNR才會產生效力。

同樣的，也會有人過度解釋DNR。其實插管、氣切等並不代表病危，有時只是幫助病人度過難關的必要手段，如果病人並非無可避免死亡，卻聽到家屬表示：「爸爸說他不要被插管折磨。」因此而拒絕了醫師的救助，試問：「如果插管後，病患有很大的機會恢復生機呢？」若因為親屬不理解而要求醫師不作為，豈非枉送性命？

現代醫療，鼓勵病患共同參與醫療決策。決策前，除了自己必須具備一定的醫療常識，更要與親屬、醫師充分溝通，聽取醫師的專業意見。許多網路上流傳的資訊，往往片面而不完整，常常讓人一知半解，甚至導致錯誤的決定。

立法院於二〇一五年底三讀通過全亞洲第一部「病人自主權利法」，二〇一九年即將上路，保障每個人的知情權、決策權以及選擇權，確保病人的自主意願得到法律的保障。除了立法，國人的生死學分仍待加強，世代之間依舊避談生死。建議不妨利用各種新聞事件當作話題，試著與家人展開對話，談談彼此對於生死的看法。

善終之路，其實是從世代溝通開始。

生前契約能解決所有身後事？

「一日為師，終身為師。」通常用來表達學生對老師的感激與敬重。但這句話在這個故事裡，卻道盡「為人師表」那份令人敬佩，窮盡畢生付出的偉大情懷！

蘇媽媽退休前是一位老師，將自己的一生投注在教育工作中。她任教於多所學校，教授過無數的學生。一生清廉，和氣待人，只求付出，不求回報。在一本隨身攜帶的手札裡，她用娟秀工整的字跡寫下勉勵自己的字句：「受人滴水之恩，應當湧泉以報，是為愛的循環。」從這裡可以看到她總是設身處地地為他人著想，以不給對方添麻煩為原則的人生態度。

四十多歲時才生下唯一的女兒瀅瀅，在那個大部分人都不是很富裕的年代裡，她總是想方設法要給女兒最好的。無論是吃的、用的或穿的，她總是用節省自己的方式來滿足瀅瀅的想望，讓她學習各種技能與才藝，不斷嘗試新事物，只為了給女兒一個多采多姿的童年，以及充滿夢想的成長環境。她總是告訴瀅瀅，金山、銀山總有坐吃山空的一天，唯有學得一技之長，才能一生受用不盡。

設身處地為人著想的人生態度，就連對女兒也不例外。瀅瀅長大後，她告訴瀅瀅：「與其將你細心呵護在我身邊，我寧願選擇給你一雙不受限制的翅膀，勇敢地去飛吧！能飛多高，就飛多高；能飛多遠就飛多遠。我會在人生每個重要啟程的時刻，為你虔誠的祝福與鼓勵。」

五年前，蘇媽媽被診斷出罹患多發性骨髓瘤，自知時日無多的她，仍然一如往常地希望自己可以不給人添麻煩，除了配合醫囑積極治療，也開始規劃關於自己身後的事。其實她心中早已有了決定，只是仍然需要跟家人好好溝通。

她趁遠嫁海外的女兒利用暑假帶小孫子回台灣看她的機會，說出心裡對身後事的想法：「瀅瀅啊！媽媽也該開始安排身後事了，這輩子我都在當老師，教育是我一生的志業，希望身後我仍然可以繼續為人師表。所以我決定把我這副臭皮囊捐給醫學系的學生做學習研究用途，這樣不但可以幫助學生學習，也不必麻煩你花錢、花時間張羅我，一切簡單環保又有意義。」

蘇媽媽又說：「人離開之後，還能對這個世界有貢獻，那是好事，也許突然對你這樣說，一時之間會難以接受，但你實在沒必要捨不得媽媽的軀殼……」。蘇媽媽嘆了一口氣繼續說道：「有些話我不知道要怎麼跟你說，不如你去樓下服務中心跟陳經理談談，住在這裡這麼多年，他就像是我們的家人一樣，我已經把我的想法很具體地跟他說了，他也承諾願意提供我必要的協助。雖然身體是我的，我有權利自己決定，但他還是勸我要跟你談談，不可以讓你心中有遺憾。」

蘇媽媽輕描淡寫地不斷分析著當大體老師的好處，瀅瀅聽到後卻是滿心不捨，淚水含在眼眶裡打轉。雖然不敢違背媽媽的心意，但一時之間，心中實在很難接受媽媽這個決定……

慎終追遠，這深植國人心中的傳統思想，隨著觀念開放的衝擊，開始有了新的定義，但也產生了世代間更大的歧見需要妥善溝通。

現今社會，身後事開始商品化，市面上出現各式各樣的相關產品以滿足個人不同的需求，也有部分人士希望將自己的剩餘價值發揮到極致，大體老師、器官捐贈等，也成了部分人士考慮的選項之一。

伴隨各種生前契約產品的普及，人們開始可以更確定地為身後事做決定，但也凸顯了世代間對身後事溝通上的缺乏。制約於傳統的觀念，避談生死之事成了常態，子女往往無從得知父母的想法，當然也遑論從旁協助，這樣的狀況也同樣造成臨終前醫療抉擇的困境。

在潤福，服務體系成了最佳的溝通媒介。住戶與服務人員有著一份親近如同家人的情感，卻沒有屬於家人之間的包袱。住戶們只要有需要，可以天馬行空、肆無忌憚地輕鬆說出自己對生死之事的想望，其實背後的原因無非是自己跟家人開不了口，希望透過客觀第三者去溝通，以減輕可能的衝擊。

對於生死，多數人心中其實並不那麼願意清楚知道，每個人也會因為成長的背景差異、宗教信仰不同，加上各種觀念的引導，對自己的身後事各有想像，但往往都僅限於想像。到了接近必須付諸實踐的時刻，最需要的其實是跟自己的家人好好的溝通討論。但是要說身後事，說出口前往往都有許多假設的場景在心中閃過，晚輩擔心討論此事是對長輩大不諱，擔心長輩誤會他們在詛咒他快死掉；長輩主動要談也不是沒有擔憂，貿然說出了決定，如果因為人多口雜遭致反對，最後反而不能如願。

也許有人天真地認為身體是我的，我的身後事我自己可以決定，但其實這樣的想法有些一廂情願。人都走了，只留下軀殼，遵照遺願處理後事，是晚輩的孝心與誠意，但其實真正在面對身後事的是還活在世上的人，有時往往因為許多現實因素的考量，必須違背長者的遺願，其實這也是有許多的無奈存在其中。

案例中的蘇媽媽，一生對學生、教育的付出與貢獻和大愛大捨的精神，讓我們見證到了生命的寬度及其極盡可能的真、善與美。但要做到這樣完滿的結局，世代之間的溝通是必要的，最好還有一個適當的第三者可以做為彼此之間的橋樑，否則非但自己的願望可能落空，還會造成與子女之間的不快，美事反而成為憾事。

「百花叢裡過，片葉不沾身，於有情世間保持覺悟的心，將是我所嚮往的境界。」蘇媽媽從年輕到老，一路辛苦走來，奉獻自己，照亮他人，為她的眾多學生和晚輩樹立了偉大的典範，實是「一日為師，終身為師。」的最佳寫照。

〈後記〉

學以成人——學老　有伴共老

潤福住戶　王如雁

在偶然的因緣際會下，住進了中高齡的專用住宅，本著自己學習的老年照護、生死關懷，參與社區教育、中老年諮商，原是想要更深入了解做研究，當真正參與其中生活時，讓自己驚嘆連連、感動不已。

有一位超過百歲的人瑞奶奶，在家五代同堂，卻選擇在此獨居超過二十年，身體硬朗行動自如。每天下午固定與牌友打麻將。當她過壽時，不是形式上的過生日，而是所有家人，以一起排練多日的祝壽餘興節目娛親，同時也將溫馨快樂開心的氣氛，分享給生活在一起的其他長者。那樣認真貼心陪伴的歡樂幸福，讓人感動。

許多超過九十歲的長者，都能自理生活、行動自如，每天早晚固定參加健身運動，而且不斷參與新的課程學習，譬如：大家一起學習桌遊——拉密，熱絡參與，開心自在之中，訓練腦力思考，又有成就感，讓生活更豐富。

若遇行動不慎受傷，或剛出院的長者時，見面時大家都會主動關心、親切問候，讓人備感關懷與溫暖。有些單身獨居，子女在國外的長者，因疾病需要就醫時，年輕的長者會立即熱誠地自願陪伴就醫，如同家人。需要住院治療或手術時，立即安排看護的照顧。遇到行動較為不便的長者，身旁的住友都會給予幫忙協助或代勞。當逢喪偶傷慟時，住友老伴們會耐心、愛心地在旁陪伴、傾聽，協助度過難熬的哀傷期。

上陶藝課捏陶時，經驗豐富的長者，會親力親為，指導初學者。打乒乓球和撞球活動時，也有教練級的指導和陪伴練打。熱心的長者，不但每天早晚陪伴大家健身練功，還經常安排包車外出旅遊和參訪藝文活動，一起同樂。每週有共同採購日，安排去大賣場購物逛街。活動相當多樣化，長者的生活豐富而忙碌。

住在這裡的長者，有一半以上的人已經住了超過二十年，也有新入住的，最年長的超過百歲，最年輕的剛過五十歲，多年來相互陪伴，互相照顧，是中老年共居的住宅。中高齡住宅並非一般人以為，它不是限制居住在生活空間有限的牢籠內；住在這裡的人，不是因為子女不孝而被拋棄，而是選擇可以自主，而不依賴兒女的生活。所以這裡不僅是一棟住宅、一個老來安身立命的場所，更是一個家──家人以外的家。

當我們還有能力為自己的老年生活做準備時，不要自我設限放棄任何一種未來生活的可能性。當你自己無法自理生活，因此而被安排居住環境時，便喪失了自己的選擇權，失去了可以有更好老年生活的機會。為了面對不可知的未來並做好準備，不能只是想想而已，需要有具體的行動實踐力，要不斷地學習和調整自己固有的生活模式與習慣，因為「老年的家」已經不再是傳統社會中的家庭結構和形式了。

當我們把所有焦點放在老年該如何被照顧時，忽略了大多數人是可以健康老化走到生命盡頭的。因為當年紀越來越年長時，會慢慢喪失生活自理的能力，而不能完全自理生活，這時需要的是部分的協助，如清潔打掃、買菜、做飯……，而不是二十四小時被全天看護和照顧。全天照護很容易使自己漸漸地喪失原來還有的照顧自己的基本能力，也失去了生活自主性。

不要把所有未來照顧自己的責任交給兒女，等待兒女的安排，因為可能兒女都不在身邊，或是他們自己也力不從心。不要期待政府未來的長照政策可以照顧所有老人，因為不但缺金錢、更缺人力。而是要在自己還有能力時，為自己做選擇和準備，因為機會是留給準備好的人。

每一個長者的智慧和生命都值得我們努力學習，因為那是在專家理論、學術研究、文本資料之外，提供我們最真實的生活面向，豐富而多元的素材，讓老年生活更美好、更有尊嚴，生命更有意義和價值。

〈後記〉

藝術翻轉我的人生——我的新人生，七十才開始

潤福住戶　蘇筱慧

因為只有唯一的兒子，傳統中國人的觀念，老了就該跟後代住在一起，於是讓兒子幫我們夫妻倆辦移民到美國。想說可以幫幫兒子夫妻分擔家務，也和四個孫子、孫女共享天倫，但兩老語言不通，住不慣、也吃不慣，所以我跟先生就又搬回台灣。一開始租房子，鄰居各過各的日子，誰也不認識誰，其實滿寂寞的。

正好親戚到淡水一處銀髮住宅試住感覺很不錯，推薦我們也去看看，原本我們很排斥，老了這樣搬來搬去挺折騰的。後來心想，從二十幾歲就因戰亂從家鄉天津逃難離開父母，一路顛沛流離，最困苦的時候只剩下左手無名指上的

一只金戒指，那樣的日子都能捱過去了，有什麼是無法解決的呢？就放開膽去淡水看一看，沒想到一進大廳好氣派，像高級飯店一樣，環境好、視野好，跟想像中的安養院完全不一樣。

從年輕時開始逃難都是我在打點家裡的大小事，這一次我幾經思量和先生討論了很久，終於決定搬到淡水。剛搬來的時候感覺像學生時期的新生入學，除了熟悉新環境以外，還要開始記什麼課程在什麼時間、地點上，感覺挺新鮮的。回想起過往，幼年跟隨父母過抗戰生活，居無定所，沒有受到完整教育，也未能服務社會，來到這裡能活到老學到老真好，就從陶藝課開始吧！心想這跟我拿手的揉饅頭捏餃子很像，就一頭栽進捏陶的世界裡。

高掛於陶藝教室牆上的時鐘，規律且安靜地行走著，午後三點一到，我和鄰居緩緩地陸續進到教室裡。此時電爐裡的水已漸漸沸騰，隨即沏上一壺青香的高山烏龍茶，在伴隨著茶香的氤氳之氣下，就此開始了我們當天的陶藝課。邊捏陶邊和鄰居聊天，天南地北地聊，有時聊兒女、有時聊故鄉、有時聊麵食，一個下午一轉眼就過去了。有一次我就突發奇想作了一籠包子，幾可亂真，真有成就感！

後來又開始學西畫，一學就學了十幾年，交到很多談得來的朋友。在畫畫的天地裡，我也找到了親情的依靠，我畫去世的母親，也畫兒子，更畫我的小孫子，雖然他們在美國，但我卻能一筆一畫把他們都畫回我身邊。後來館方說要幫大家一起開作品展，大夥畫得更起勁了，年紀一大把了從沒想過會有自己的個展，還有報社來採訪，讓我們好開心。

相較於很多銀髮族想要和孩子一起生活，我卻有不同想法：「跟兒子孫子住，覺得自己很老，但和同年紀鄰居住在一起，就感覺好年輕。」我常笑說自己十年有成，在老年學了很多，我的新人生，七十才開始。

二〇一六年更參與「潤福二十　金婚同慶」活動，獲得免費拍攝婚紗的機會，將近七十年的愛情故事增添了一抹幸福的色彩，那天來到充滿回憶的四四南村拍攝取景，卻意外引起話題。據說在網路上流傳著一張有魔力的婚紗照，被稱作四四南村最美的一幕，而主角竟然就是我們夫妻倆。

搬來這裡後，只要願意走出門，就有朋友，偶爾打打牌，吃完飯後一起散步，什麼事都不用操心。先生雖沒有和我一樣學新才藝，但他現在開始試著買菜燒菜，以前年輕時我管帳，現在則是由先生負責，過去從沒想過老年生活會這麼不同，讓我們倆覺得「一點也沒有浪費生命」。

而館內其他朋友也沒閒著，念佛班、體操課、歌友會什麼課程都上，還要參加戶外旅遊活動。記得高鐵才剛通車沒多久，大夥就一起搭高鐵去高雄遊西子灣，能和年紀相仿談得來的鄰居一起出遊，看著西子灣的夕陽大家驚呼：「夕陽無限好，黃昏更燦爛！」

〈後記〉

問天女士

口述：鄭明珠／採訪、翻譯：楊子敬

入住潤福前

她，原住在天母大別墅，先生逝世後，等司機、傭人下班，就孑然一身在家，加以當時保全業尚未普及，為安全計，晚間大門不說，睡覺時連寢室也得上鎖。

有一天，半夜睡眠中突感心臟悶痛，雖急電鄰近友人幫忙，但關關卡緊，高牆上也圍著鐵絲網，不得其門而入。痛苦的她又無法下床開門，裡外著急。後來不得不忍住痛滾下床，努力爬在地上打開房門、廳門、大門，始得趕緊送醫急救，幸保一命。

出院後幾天，雖有傭人晚間留守陪伴，但女傭各有家庭負擔，經常還是孤獨過夜，親人又在美國，只有把阿斯匹靈、水放在床頭櫃，以備不時之需。但想起病發當天危急經驗，總是心裡忐忑不安難於入眠。

她難道沒親人？

少女時期

話說她的一生，坎坷不平，命運多舛。

曾以日文在日本出版其自傳《宿——ある台灣妻の人生行路》（宿——一位台灣妻子的人生歷程）一書。為什麼是「宿」（やど）？它是自己肉體生存的地方；也是出生就被套牢，注定一輩子無法擺脫的宿命「框架」。

書中自述於日據時，出生於台中市，上有長兄，但患有「心臟瓣膜症」，只能抱著不能放下任其走動。農業時代要的是男孩，且祖母聽信算命仙說：「這個長女有『剋長男』之相」，於是差一點就免費送給妓女戶。不久長兄夭折了。

小學畢業，在「女子無才便是德」的傳統觀念下，繼續升學談何容易，但父親堅持女孩也有權利讀書，於是考上淡水高等女學校。她很會讀書，又長得亭亭玉立，是該校之校花，也是鄰近淡水中學男生嚮往的對象，看到就被猛吹口哨，讓她臉紅又好氣！

畢業後回台中當起小學老師，不久台灣光復，轉職台中市圖書館，得到館長賞識，過的是幸福快樂的少女時期。

兩段感情之一

因為貌美，又受過日本教育，館長介紹留學日本、剛回台中之林姓望族認識，並力促成親。雖然對方富甲一方，但年已不惑，且曾在日本離婚，又有十三及十一歲男孩，母親強烈反對。加上當時高等女學校畢業的女孩並不多，她也只有十九歲呀，不怕找不到理想對象，何必要「一朵鮮花插在牛糞上」？

不過，林某大學畢業，舉止言行一派紳士模樣，孩子們又經常到圖書館看書，與她全用日語交談，相處極融洽。當時她涉世不深，不懂事吧？認為當這兩個男孩子的繼母不難，且富裕家庭，遇難題應該容易解決，因而接受這門婚姻。

沒想到錯愕來得真快！男方說：「結婚不是買賣！」訂婚日，聘金微薄，禮餅若干盒，簡陋戒指一只，不但吝嗇、寒酸，也感覺被藐視。但自己的選擇能怪誰，只得自我安慰：「只要當個賢妻良母，過幸福日子就滿意了。」

更嚴重的，他是個不折不扣的紈褲子弟，靠祖產租金生活，成天無所事事，從早就喝洋酒到晚，醉了動不動就痛毆她！她很失望、沮喪，難道這就是夢想中的甜蜜新婚？

唯一安慰的是，兩個小孩都把自己當親媽媽般依靠，且不久長女「守子」出生，生活有了新寄託，但先生的酗酒、家暴仍然依舊。

某日先生從報紙得悉台糖股價看好，要她去買，沒幾天就賺了不少錢，夫妻倆都很高興，因此她就趁早上空檔時間到證券行學習看行情。或許是她外出不在反而落得清閒，先生就提議，乾脆借給她本錢，賺的可歸她，賠了也全算她個人的，本錢一定要還，一毛也不能少！她目瞪口呆，這是我的丈夫嗎？

兩段感情之二

從此，上證券公司就成了她每天的固定行程。不管如何，表面上她是「一品夫人」，總經理哪敢怠慢，指定高手張姓理專特別幫她操盤。確實獲利不少，而張某也為了要拉攏這位大戶，十分殷勤。不知不覺中，雙方竟產生男女情愫，發生不倫關係。

紙包不了火，這段情終於被先生發現，提出離婚的要求。她像是得到救贖，二話不說就同意了。而張姓理專也早對嗜賭如命、行為浪蕩的另一半情絕，不久也離了婚。各自離婚的一對戀人，就結婚攜手邁進另一段新的婚姻生活。

張某前一段婚姻留下二女一男，個個行為不檢，我行我素，成天在外遊蕩，那個男孩甚至吸毒成癮。雖然進到問題家庭，但張某溫柔體貼又深深愛她，生活在一起，人生第一次深刻體悟到「愛」的感受，是他賜與她踏入另一段人生的厚實力量！

兩夫妻同心協力打拚之下，成立了證券公司，還找了幾個志同道合的高手

「操盤」，沒多久在證券市場占有一席之地。除了證券公司外也投資房地產，極為順利。於是在天母蓋起別墅，出入有名車司機、家中幫傭齊全，也有空閒學打小白球、跳國標舞、唱卡拉OK……，讓人羨慕不已。她也放下身段努力為他修復殘缺的家庭，闔家樂融融，這從未有過的感覺，難道就是幸福？

但、但、但……，凡事有得，必有失。

晴天霹靂！有一天，晚起聽到司機與幫傭竊竊私語：「……太太這麼賢慧能幹，先生還在外面有女人……。」追究之下，司機道出一切，知道他另結新歡。最最難以原諒的是竟在她出國期間，以金錢支開幫傭，帶女人回家，是可忍？孰不可忍？即刻衝進辦公室興師問罪，查證確有其事，氣到幾乎斷腸，明明是寒冷冬天，卻不停冒汗！

第二天，就飛到美國找女兒，女婿、外孫都熱烈接擁她。得到親情的溫馨療癒，心情逐漸恢復，正準備留下長住，沒想到先生卻來電告知罹患「小細胞癌」，一直催促返台。她笑在心裡，回答：「我才不上當！」就掛斷。接著他女兒來電，她也一概不理，最後醫院院長親自來電證實，並告知癌細胞已擴散全身。

不得不前嫌盡棄，匆匆返台照顧。先生躺在病床上懇求她的擁抱，一直賠不是並說：「我好愛你！」患難夫妻相擁而泣，六十五歲生涯，就在她懷抱裡結束！她嚎啕大哭，責怪自己為什麼賭氣沒早點回來？曉得如此，管他去愛誰？現在一切後悔莫及了！

面對難於接受的事實，她不禁仰天問道：「神阿，您在那裡？為什麼我的命運竟是如此？」六十五歲的今天，打開潘朵拉盒子，竟然只剩下「背叛」！

她書上說：「……這人間，有什麼好留戀的？像是蝸牛拚命爬上天花板，爬得越高唾液吐得越多，雖然緊緊黏著，精疲力盡，吐盡最後一滴唾液，乾涸氣絕。」這不就正是自己所經歷悲慘遭遇的寫照！

入住潤福

二〇〇四年三月一日入住潤福，轉眼多年，單身、健康、擅理財的她，已經九十高齡，但五體滿足，行動自如。她說：「這裡睡的房間雖小，比不上天母別墅，卻沒外牆，二十四小時櫃檯、健管室、警衛等輪值人員，全天候照顧長者的生活、安全與健康，加上多元化休閒活動空間、飯店式管理，服務細膩，帶來尊嚴感。」

她放心地每日睡到自然醒，近中午就由司機開車載到台北市，不是到證券公司，就是去唱卡ＯＫ，聚餐聊天或跳舞。她不但具備「老身」、「老本」、「老伴」，在當下證券界，仍然是抄盤高手，許多大戶還是很敬崇她，絕對是擁有「老價值」的長者！

她說；「『潤福』是上天安排給我療癒疲憊身心的『やど』（宿），我會在這裡善待暮老的自己，不回頭看！」

謝詞

感謝玄奘文教基金會執行長林博文博士策劃。
感謝玄奘大學蔡娉婷老師、張期達老師訪問執筆。
感謝商周出版製作並出版本書，總編輯程鳳儀女士潤飾。
感謝潤福「著作推動小組」的全力協助。
感謝潤泰集團各公司，全面支援。
感謝潤福全體同仁，讓阿姨、伯伯們過快樂又充實的時光！
感謝潤泰集團尹先生，前瞻創業，造福長輩，並給予潤福同仁「安老」的大舞台！

國家圖書館出版品預行編目資料

董事長說故事：共居、共餐、共學、共樂的老後人生／楊子敬作．
-- 初版．-- 臺北市：商周，城邦文化出版：家庭傳媒城邦分公司
發行，2018.10
面；　公分
ISBN　978-986-477-558-3（平裝）
1. 老年　2. 生活指導
544.8　　107017356

董事長說故事：共居、共餐、共學、共樂的老後人生

作　　者／楊子敬
採訪整理／張期達、蔡娉婷
執行編輯／柳智升
責任編輯／程鳳儀

版　　權／翁靜如、林心紅
行銷業務／林秀津、王瑜
總 編 輯／程鳳儀
總 經 理／彭之琬
發 行 人／何飛鵬
法律顧問／元禾法律事務所　王子文律師
出　　版／商周出版
城邦文化事業股份有限公司
台北市中山區民生東路二段141號9樓
電話：(02) 2500-7008　傳真：(02) 2500-7759
E-mail：bwp.service@cite.com.tw
發　　行／英屬蓋曼群島商家庭傳媒股份有限公司　城邦分公司
台北市中山區民生東路二段141號2樓
書虫客服服務專線：(02)25007718・(02)25007719
24小時傳真服務：(02)25001990・(02)25001991
服務時間：週一至週五09:30-12:00・13:30-17:00
郵撥帳號：19863813　戶名：書虫股份有限公司
讀者服務信箱E-mail：service@readingclub.com.tw
城邦讀書花園www.cite.com.tw
香港發行所／城邦（香港）出版集團有限公司
香港灣仔駱克道193號東超商業中心1樓
電話：(852) 25086231　傳真：(852) 25789337
E-mail：hkcite@biznetvigator.com
馬新發行所／城邦（馬新）出版集團【Cite (M) Sdn Bhd】
Cite (M) Sdn Bhd
41, Jalan Radin Anum, Bandar Baru Sri Petaling,
57000 Kuala Lumpur, Malaysia.
電話：(603)9057-8822　傳真：(603)9057-6622　Email: cite@cite.com.my

封面設計／徐璽工作室
電腦排版／唯翔工作室
印　　刷／韋懋實業有限公司
總 經 銷／聯合發行股份有限公司　電話：(02)2917-8022　傳真：(02)2911-0053
地址：新北市新店區寶橋路235巷6弄6號2樓

■ 2018年10月16日初版　　Printed in Taiwan

定價／350元

城邦讀書花園
www.cite.com.tw

ISBN　978-986-477-558-3